AF453250

THÈSE

POUR

LE DOCTORAT

LE PROSPECTUS

DANS LES

SOCIÉTÉS ANGLAISES PAR ACTIONS

ÉTUDE ANALYTIQUE ET CRITIQUE
DE LÉGISLATION ET DE JURISPRUDENCE

THÈSE POUR LE DOCTORAT

PRÉSENTÉE ET SOUTENUE

Le vendredi 6 novembre 1908, à 9 heures 1/2

PAR

Henry SEGNITZ

Président : M. THALLER, *professeur.*
Suffragants : { MM. DESCHAMPS, *professeur.*
Fernand FAURE, *agrégé.*

LIBRAIRIE

De la Société du Recueil J.-B. Sirey, & du Journal du Palais
Ancienne Maison L. LAROSE & FORCEL
22, Rue Soufflot, PARIS, Ve Arr.
L. LAROSE & L. TENIN, Directeurs

1908

PREMIÈRE PARTIE

ÉCONOMIE DU PROSPECTUS

ETUDE DES TEXTES LÉGISLATIFS
ET DE LA JURISPRUDENCE

Le prospectus est contemporain des sociétés par actions. Il était la manière de propagande qui convenait le mieux pour recruter des associés au delà d'un petit cercle d'amis, dans le public.

Longtemps sa rédaction fut libre. Ses auteurs, il est vrai, n'échappaient pas à l'obligation de bonne foi qui assure l'égalité des parties dans leurs rapports juridiques.

Mais lorsqu'un souscripteur abusé poursuivait la sanction de cette obligation, il découvrait souvent des insolvables. Plus souvent encore, rien ne décelait la mauvaise foi, car les rédacteurs du prospectus n'y avaient énoncé que les avantages, peut-être surfaits mais existants, de l'entreprise, omettant tout ce qui devait éveiller la défiance ou commander l'abstention. Il manquait un texte qui imposât de révéler dans le prospectus tous les renseignements utiles à la saine appréciation de l'affaire par le public.

Cette lacune de la loi s'excusait à l'époque où l'acquisition de la personnalité morale, coûteuse et difficile, était comme un privilège réservé à l'aristocratie des sociétés, tandis que le grand nombre, privé de statut, s'organisait suivant des chartes que les associés s'octroyaient eux-mêmes, au risque d'en entendre prononcer l'invalidité par les tribunaux.

Elle surprend dès 1844, lorsque la personnalité est libéralement offerte à toutes les sociétés qui demandent l'incorporation au *Registrar of Joint Stock Companies*. On pouvait supposer que le législateur, averti par les scandales qui avaient précédé le vote du *Bubble Act* (1720) et les ruines qui s'étaient amoncelées dans « l'année de la folie » (1824), ne favoriserait pas la constitution des sociétés par actions sans exiger d'elles, dans l'intérêt du public, l'aveu préalable de tout ce qu'il lui est essentiel d'en connaître. Mais la société par actions n'avait pas encore accompli son évolution et l'act de 1844 n'était, comparé aux précédents, qu'une ébauche plus poussée.

L'œuvre s'achève en 1862, quand le principe de la responsabilité limitée triomphe d'une résistance séculaire. Désormais le type moderne de la société par actions est réalisé et les sociétés par actions se multiplieront d'année en année.

L'act de 1862 a été appelé un chef-d'œuvre de législation. C'est un volumineux document, presque un code. Or le prospectus n'y est nulle part réglementé. Une telle omission devait être aperçue. On en a recherché l'excuse dans l'état économique de l'Angleterre à ce moment. Alors, dit-on, les capitaux affluaient, impatients de s'employer, et la loi, votée en vue d'ouvrir un large débouché à l'argent abondant, avait atteint ce but en organisant l'instrument de spéculation que l'on réclamait d'elle. La raison est faible : ne connaissait-on pas toutes les facilités de fraude que recèle la société par actions et l'optimisme pouvait-il aveugler ceux qui fixèrent aussi minutieusement la procédure de la liquidation, comme s'ils devinaient la triste utilité de ce travail ? L'absence d'un texte sur le prospectus dans l'act de 1862 résulte plutôt d'un oubli.

La liberté sans conditions qu'on venait de laisser aux promoteurs ne tarda pas à produire les plus grands abus. Chaque année une proportion croissante des sociétés s'écroulait ; beaucoup disparaissaient avant d'avoir vécu ; les désastres s'amoncelaient. Cependant, on ne se hâtait pas d'apporter un remède au mal et en 1867, pour la première fois, le prospectus est l'objet d'une disposition législative.

Sévère comme une mesure de réaction, maladroite et insuffisante comme un essai, la section 38 de l'act de 1867 n'en fut pas moins en vigueur jusqu'en 1900. Parmi les lois nombreuses sur les sociétés par actions qui se succèdent dans l'intervalle, aucune ne l'amende ni ne la complète et l'étude mûrie et détaillée du prospectus n'apparaît qu'en 1900, lors d'une refonte générale du régime des sociétés par actions. L'act de 1907 remanie de nouveau l'ensemble de la législation. Il traite longuement du prospectus et termine après moins de sept années une œuvre dont les débuts avaient été tardifs et fâcheux.

I

Jurisprudence antérieure à l'act de 1867

A l'époque où aucune loi ne réglementait encore l'économic du prospectus, la jurisprudence avait posé dans les termes les plus formels l'obligation de bonne foi.

« Ceux qui émettent un prospectus vantant au pu-
« blic les grands avantages que retireront d'une en-
« treprise projetée les personnes qui souscriront des
« actions et invitant à souscrire sur la foi des ces
« assertions, sont tenus d'observer une stricte et
« scrupuleuse exactitude ; ils doivent non seulement
« s'abstenir de présenter comme vrai ce qui ne l'est
« pas, mais ils doivent aussi n'omettre aucun fait
« connu d'eux et susceptible d'affecter d'une manière
« quelconque l'étenduc ou la qualité des privilèges
« ou avantages que le prospectus présente pour sti-
« muler à souscrire (1). »

Cette règle a été appelée « la règle d'or » ; la décision suivante en reproduit l'esprit :

1. New Brunswick C° v. Muggeridge [1861] 3 L. T. 651, Per Kindersley V.C.

« Aucune inexactitude, aucune dissimulation se rap-
« portant à des faits ou à des circonstances importants
« ne doit être autorisée et le public invité par un pros-
« pectus à participer à une nouvelle entreprise quel-
« conque, doit être mis à même de juger de tout ce qui
« influe notablement sur le caractère véritable de
« l'affaire aussi bien que les promoteurs eux-mêmes
« et la franchise la plus entière doit se manifester
« dans les assertions que ceux-ci font au public (1). »

Cette règle d'or, comme on l'a reconnu depuis, est
plutôt une règle de droit idéal que de droit pratique,
et, même après les lois récentes qui ont arrêté l'économie du prospectus de la manière la plus minu-
tieuse, on n'est arrivé qu'à s'en rapprocher sans
pouvoir l'appliquer intégralement.

II

L'act de 1867

L'act fondamental de 1862, nous l'avons dit, ne
contient pas un seul article consacré au prospectus.

L'act de 1867 qui touche à un grand nombre de
points de la législation des sociétés par actions, n'a
réservé au prospectus que quelques lignes : elles

1. Central Railway of Venezuela v. Kisch [1877] 16 L. T. 500, Per
Chelmsford L. J., cité par Palmer, Palmer's Company Law [1905], 297.

forment la section 38 qui est célèbre par les difficultés d'interprétation qu'elle a soulevées.

Abrogée par l'act de 1900, cette section n'a pas
cependant perdu tout intérêt ; l'abrogation n'a pas
eu d'effet rétroactif ; tous les droits acquis pendant
le temps que la section 38 a été en vigueur sont encore régis par elle et elle continue à donner lieu à
des décisions de la jurisprudence.

Voici le texte de cette section :

« Tout prospectus d'une société, toute notice invitant des personnes à souscrire des actions d'une
« *Joint Stock Company* » spécifiera les dates et les
noms des parties pour tout contrat conclu par la
société ou ses promoteurs, administrateurs ou *trustees* avant l'émission du prospectus ou de la notice,
que le contrat soit ou non sujet à la ratification
des administrateurs. Tout prospectus ou toute notice
ne contenant pas les susdites indications sera considéré comme dolosif (1) — de la part des promoteurs
administrateurs et fonctionnaires de la société qui
l'auront émis sciemment — au regard de toute personne prenant des actions de la société sur la foi de ce
prospectus, à moins qu'elle n'ait eu connaissance du
contrat omis. »

Les difficultés provenaient des termes extrêmement

____

1. *Fraudulent.*

généraux du texte. Il disait : « Tout contrat conclu par la société. »

Or il était à peu près impossible de mentionner tous les contrats conclus par une société lorsque celle-ci comptait déjà beaucoup d'années d'existence. Cet obstacle devait gêner les promoteurs honnêtes, soucieux de se conformer aux exigences nouvelles et de ne pas s'exposer aux sévérités qui menaçaient toute infraction.

De plus, dans tous les cas où la société avait passé un grand nombre de contrats, la plupart était sans intérêt pour un souscripteur ; leur mention eût eu seulement le résultat de surcharger le prospectus et d'égarer l'attention du public parmi la multitude des indications fournies.

Cette occasion d'anéantir la portée d'un texte par le fait même de son application stricte fut d'ailleurs bientôt mise à profit par les promoteurs peu scrupuleux.

Le texte disait encore: « Tout contrat conclu par la société ou par ses promoteurs, administrateurs ou *trustees.* »

Or, il n'était pas admissible que l'on eût entendu exiger la mention de tous les contrats conclus par les promoteurs de la société. Cette interprétation était absurde ; les promoteurs pouvaient avoir conclu une quantité de contrats personnels, absolument étrangers à la société. Comment supposer un instant que le législateur y eût fait allusion ? Mais si l'on écarte cette interprétation déraisonnable pour ne retenir que les contrats conclus par les promoteurs en cette qualité une nouvelle question se pose : Que penser d'un contrat conclu par une personne qui, au moment de la conclusion, n'était pas un promoteur, mais qui a ultérieurement acquis cette qualité à propos du même contrat ?

Il ne s'agit pas d'un cas particulier, mais d'un cas général. L'exemple suivant reproduit une pratique courante: A... découvre un brevet qu'il lui semble intéressant d'exploiter ; il s'adresse à B..., le breveté, et acquiert le brevet au prix de liv. st. 10.000 en s'engageant à constituer dans un certain délai une société à capital déterminé qui aura pour objet l'exploitation du brevet. Sur les liv. st. 10.000, liv. st. 1.000 seulement sont versées, qui seront acquises à B... si la société n'a pas été constituée dans le délai convenu. A... communique son acquisition à quelques amis, des banquiers ou autres personnes capables de réunir des capitaux ; ils forment une société et émettent un prospectus exposant que le brevet est vendu à la société au prix de liv. st. 60.000 en vertu du contrat passé à la date du... entre A... et les administrateurs. Les liv. st. 50.000 de bénéfice sont partagées entre A... et ses acolytes. Il était de la plus haute importance de savoir si le contrat originaire conclu entre A... et B... devait, aux termes de la loi, être men-

tionné dans le prospectus, ou, au contraire, s'il était
permis de le passer sous silence.

Le texte était trop vague : un travail de précision
s'imposait. Tous les juges qui eurent l'occasion d'appliquer la section 38 de la loi de 1867 tombèrent
d'accord sur ce point. Mais comment fallait-il préci-
ser le texte ? Ici apparaissent les divergences : elles
ne sont qu'un épisode de la lutte de tous les temps
entre les partisans de l'interprétation littérale et ceux
qui s'inspirent de l'esprit de la loi et des nécessités
de l'époque.

Dans toutes les espèces que nous examinons, il
s'agissait, comme dans l'exemple ci-dessus, de l'o-
mission dans le prospectus de sous-contrats par
l'effet desquels le prix d'une propriété acquise par
la société, au lieu d'être versé intégralement au vendeur, était en partie, le plus souvent pour la plus
grosse partie, parfois pour la presque totalité, rétro-
cédé aux promoteurs ou à d'autres personnes qui se
trouvaient dans une situation fiduciaire à l'égard
de la société.

Voici les interprétations proposées :

Pour être soumis à la section 38, il faut qu'un contrat ait été conclu par la société, si celle-ci est constituée ; si la société n'est pas encore constituée, il
faut que le contrat ait été conclu par les promoteurs, administrateurs ou *trustees* agissant au nom de

la future société et avec l'intention que celle-ci ratific le contrat après sa constitution. Le contrat doit en outre être tel qu'il impose ou soit passé en vue d'imposer à la société une charge ou une obligation ou une perte ou un risque de nature à affecter la valeur des actions (1).

« ..... Il faut limiter la portée des termes géné-
« raux de la section 38 de l'act de 1867. A mon
« avis, le texte et le but de cette section montrent que
« les contrats dont il y est question sont seulement
« ceux qui lient la société ou qui sont endossés ou
« assumés par la société ou qui l'affectent lors de sa
« formation. Si l'on a voulu que les souscripteurs
« éventuels fussent guidés par les renseignements
« fournis dans le prospectus à travers l'histoire an-
« térieure de la société, de ses promoteurs ou de ses
« opérations projetées, on ne peut expliquer pour-
« quoi seuls les contrats de vente doivent être obli-
« gatoirement mentionnés.
« Parlant de *Twycross* v. *Grant* où, sur un prix de
« liv. st. 10.000 figurant au prospectus pour l'acqui-
« sition d'une mine, le propriétaire, par l'effet d'une
« série de sous-contrats, recevait en réalité liv. st.
« 1.000, Lord Coleridge a dit :
« Il n'importe pas à un acheteur ordinaire de sa-

1. Twycross v. Grant [1877] 36 L. T. 812, Per Kelly C. B.

« voir ce que le vendeur fera du prix d'achat quand
« il l'aura reçu ;...... mais la situation d'un souscrip-
« teur d'actions est différente. Son argent devient
« partie du capital de la société et il est pour lui du
« plus grand intérêt de savoir quelles personnes en
« auront le contrôle lorsqu'il l'aura versé et comment
« il sera employé, si c'est à l'entreprise elle-même
« ou à la rémunération de ceux qui l'ont créée. » Très
respectueusement je dis : « Non, pour l'avenir de la
« société il n'importe pas où vont les liv. st. 10.000. »

« Sans doute s'il était su que le propriétaire de la
« mine ne reçoit que liv. st. 1.000, cela influencerait
« les souscripteurs éventuels, parce que cela mon-
« trerait combien le propriétaire estimait la valeur
« véritable de la mine. Mais la loi ne requiert pas
« que l'on mentionne l'opinion du propriétaire, elle
« exige seulement que l'on mentionne des contrats.
« Si la loi avait voulu que les faits de nature à influen-
« cer les souscripteurs éventuels fussent mention-
« nés, elle aurait dû l'exprimer. Quoi de plus impor-
« tant que le fait qu'une mine ou un brevet a été
« exploité pendant des années sans bénéfice ? Cepen-
« dant cela n'a pas besoin d'être dit.

« ..... Il n'y a pas dans la loi de limitation telle
« que : les contrats dont la connaissance pourrait
« influencer un souscripteur raisonnable (1). Il est

---

1. C'est-à-dire dont la connaissance pourrait l'empêcher de souscrire.

« clair que si la société avait conclu un contrat avan-
« tageux pour l'exécution de travaux et qu'un tel
« contrat ne fût pas mentionné, le prospectus serait
« entaché de dol (1) selon la loi.

« ...... L'erreur consiste à confondre ce qui peu
« raisonnablement influencer un souscripteur avec
« ce qui est de nature à affecter la future prospérité
« de la société.

« On dit que si cette dernière restriction devait
« être apportée à la loi, celle-ci l'aurait exprimé. La
« réponse indiquée est que la loi pouvait apporter
« n'importe quelle restriction mais qu'elle n'en a ap-
« porté aucune ; aussi, si cela est juste, il ne faut pas
« de restriction ; mais tout le monde admet qu'une
« restriction est nécessaire (2). »

L'interprétation des mots « tout contrat » qui s'at-
tache à respecter le plus possible la lettre du texte,
adoptée, sans considérants d'ailleurs, dans une décision de jurisprudence unique (3), semble aujourd'hui
définitivement abandonnée. De même l'interprétation littérale des mots « ou par les promoteurs, administrateurs ou *trustees* » (de la société) que les
arrêts reproduisent de la manière suivante :

1. *Fraud.*
2. Sullivan v. Metcalfe [1880] 44 L. T. 8, Per Bramwell L.J.
3. Craig v. Phillips [1877] 35 L.T. 198, Per Bacon V.C.

« ..... Il ne s'agit que des contrats conclus par les
« promoteurs en cette qualité. » Si les promoteurs
se sont rendus coupables d'un *breach of trust* envers
la société, celle-ci a le droit de recouvrer contre eux
les sommes qu'ils ont indûment reçues (1).

« ..... Le caractère du contrat [le fait qu'il a
« ensuite servi de base à un contrat conclu par la
« société] ne peut pas transformer la qualité des
« contractants (2). »

La jurisprudence s'est prononcée en faveur de
l'interprétation libérale :

« Trois canons semblent s'appliquer à cette espèce.
« D'abord, si cela est possible, le texte doit être in-
« terprété selon le sens grammatical des termes qui
« y sont employés ; en second lieu, si l'interpré-
« tation grammaticale est discutée ou si une inter-
« prétation grammaticale stricte conduit à une so-
« lution évidemment déraisonnable ou absurde, le
« texte doit être considéré en ayant égard à l'état
« du droit au moment où il a été promulgué ; troi-
« sièmement, si le texte a manifestement pour but de
« créer un recours, il doit être interprété de manière
« à donner le recours le plus complet qui soit com-
« patible avec sa terminologie.

1. Gover's Case [1876] 20 Eq. 144, Per Bramwell. B.
2. *Ibid*, Per James L. J.

« Je ne crois pas qu'après avoir lu la section, aucune
« personne puisse douter qu'elle a été votée en vue
« d'assurer une protection supplémentaire à des sous-
« cripteurs crédules. Si on la lit selon son sens gram-
« matical strict, elle comprend, comme on l'a dit, des
« contrats dont il est manifestement absurde de
« supposer qu'il faille les mentionner. Aussi ne peut-
« elle sans absurdité être interprétée selon son sens
« grammatical strict. Il faut admettre une limitation
« quelconque. Donc, c'est une section qui doit être
« interprétée en s'inspirant de l'état du droit au mo-
« ment où elle a été promulguée.

« Immédiatement avant la promulgation de cette
« section, l'état du droit était celui-ci : Quand une
« souscription d'actions avait été obtenue au moyen
« d'une inexactitude dolosive ou d'une omission
« assez importante pour transformer en une inexac-
« titude dolosive ce qui avait été divulgué, la société
« ne pouvait, ni par une action de « Common Law »,
« ni par aucune procédure d' « equity » exiger le paie-
« ment d'un appel de fonds ; par contre l'actionnaire
« pouvait recouvrer les sommes payées sur ses actions
« et faire rayer son nom du registre des membres.

« Quand une souscription d'actions avait été obte-
« nue grâce à une inexactitude commise sans dol,
« une Cour d' « equity » empêchait la société d'exi-
« ger le paiement d'un appel de fonds, l'obligeait à
« la restitution des sommes versées à la suite d'ap-

« pels de fonds et ordonnait que le nom de l'action-
« naire fût rayé du registre des membres. Mais pour
« une simple omission — dolosive ou non — ne ren-
« dant pas inexact ce qui avait été divulgué, quelle
« que fût à d'autres égards son importance pour une
« personne invitée à souscrire, celle-ci ne possédait
« de recours ni « *at law* », ni « *in equity* », si son
« nom figurait sur le registre des membres.

« On s'attend à ce qu'un texte voté dans de telles
« circonstances pare au danger contre lequel il
« n'existait pas de protection, c'est-à-dire insiste sur
« la divulgation de tout ce qui peut raisonnablement
« influer sur la détermination d'une personne invi-
« tée à souscrire. La section 38 se réfère à deux épo-
« ques : l'une est un instant déterminé, l'autre une
« période indéfinie. L'instant déterminé est celui de
« l'émission du prospectus ou de la notice ; la pé-
« riode indéfinie comprend tout le temps antérieur
« à cet instant déterminé. L'objet dont il est ques-
« tion à l'instant déterminé est le prospectus ou la
« notice ; ce prospectus ou cette notice doit être émis
« par un promoteur, administrateur ou agent de la
« société. Ce qui doit être spécifié, c'est quelque chose
« qui a été conclu avant l'émission du prospectus ou
« de la notice, c'est-à-dire, d'après le texte, à une
« époque quelconque antérieure à cette émission.
« Cette chose qui doit être spécifiée est un contrat.
« Ce peut être un contrat passé par la société ou un

« contrat sujet à la ratification des administrateurs
« de la société ou encore un contrat conclu autre-
« ment, c'est-à-dire qui n'est pas sujet à ratification.
« C'est un contrat conclu par une personne en qua-
« lité de promoteur, administrateur ou *trustee* de la
« société. Il est compatible avec le sens grammati-
« cal de la section, qu'il s'agisse d'un promoteur, ad-
« ministrateur ou *trustee* possédant cette qualité au
« moment de la passation du contrat ou bien qu'il
« s'agisse d'un contrat conclu antérieurement à l'ac-
« quisition de la qualité de promoteur, administra-
« teur ou *trustee* par une personne qui, au moment
« de l'émission du prospectus, a acquis cette qua-
« lité. La question est de savoir laquelle de ces deux
« interprétations doit être attribuée à la section. A
« mon avis, dans l'espèce qui nous occupe, les deux
« contrats forment une opération telle que le premier
« contrat est important à connaître pour une per-
« sonne invitée à souscrire, bien qu'il ait été conclu
« à une époque ou X... n'était ni promoteur, ni ad-
« ministrateur de la société projetée.

« Dans un grand nombre d'autres cas, je pense qu'il
« ne peut faire doute que la connaissance d'un con-
« trat conclu par un promoteur ou un administrateur
« avant qu'il eût acquis cette qualité, soit raisonna-
« blement de nature à influer sur l'esprit d'une per-
« sonne invitée à souscrire et qui se demande si elle
« va accorder sa confiance au promoteur où à l'admi-

« nistrateur. Aussi faisant l'application des trois canons
« ci-dessus, attendu que le texte ne peut pas sans
« absurdité recevoir une interprétation aussi large
« que celle qui résulterait du sens grammatical strict,
« mais attendu qu'il crée un recours et qu'il doit, en
« conséquence, être interprété dans le sens de la plus
« plus large protection qu'il soit raissonnable d'ad-
« mettre, de manière à couvrir s'il est possible tout
« ce qui n'est pas couvert par la loi antérieure, j'ar-
« rive à la conclusion qu'il s'applique à tout contrat
« passé avant l'émission du prospectus et dont la con-
« naissance peut influer sur l'esprit d'un souscripteur
« raisonnable et le déterminer à accorder ou refuser
« sa confiance au promoteur, administrateur ou *trustee*
« qui émet le prospectus, que ce contrat ait été con-
« clu par ledit promoteur, administrateur ou *trustee*
« avant ou après qu'il a acquis cette qualité, qu'il
« ait été conclu au nom de la société ou de manière
« à lui imposer une obligation au cas où il serait
« ratifié par elle (1).

« ..... Je pense que la section doit s'interpréter
« comme s'étendant à tout contrat conclu par une
« personne qui ultérieurement à sa conclusion devient
« promoteur ou administrateur, pourvu que la société,
« avant l'émission du prospectus, ait acquis le béné-

1. Gover's Case [1876], 20 Eq. 144, Per Brett J.

« fice du contrat ou se soit engagée à exécuter ses
« obligations. » (1).....

..... « Le contrat dont il est question dans la sec-
« tion doit être spécifié dant tout prospectus ou toute
« notice émis avec le but d'inviter des personnes à
« souscrire des actions. Pourquoi est-il prévu que ce
« contrat devra être spécifié dans tout prospectus
« ou toute notice émis avec ce but tandis qu'aucune
« prévision de ce genre n'existe à l'égard d'un pros-
« pectus ou d'une notice émis avec un autre but
« quelconque, si le législateur n'a pas eu l'intention
« d'accorder une protection ou un avantage aux
« personnes susceptibles de répondre à l'invitation
« qui leur est ainsi faite ? Et si telle a été l'intention
« du législateur, il est difficile de suggérer comme
« ayant été visés par lui d'autres contrats que ceux
« qui, s'ils étaient portés à la connaissance de la per-
« sonne lisant le prospectus ou la notice, seraient
« de nature à influer sur sa détermination de devenir
« actionnaire de la société projetée.

« Aussi suis-je prêt à soutenir que tout contrat qui,
« interprété raisonnablement, aiderait une personne
« à décider si elle deviendra ou non actionnaire de
« la société, rentre dans les termes de la section

1. Sullivan v. Metcalfe [1880], 44 L.T. 8, Per Bramwell L.J. reprodui-
sant l'opinion de Mellish L. J. dans Gover's Case [1876], 20 Eq. 144.

« 38 de l'acte de 1867..... J'admets que lorsqu'une
« mine ou un brevet est offert à une société, il est
« sans importance de mentionner comment, quand et
« à quel prix le vendeur l'a lui-même acquis, à la con-
« dition que le vendeur et la société ou l'acheteur
« qui représente la société soient respectivement
« dans la situation ordinaire de vendeur et d'ache-
« teur. Si A. a acquis une mine ou un brevet du pro-
« priétaire au prix de liv. st. 50.000 et l'a vendu à la
« société ou à un trustee de la société moyennant
« liv. st. 100.000, nul ne peut s'élever contre cette opé-
« ration, et, dans un propectus invitant le public à
« souscrire des actions, il n'est pas nécessaire, à mon
« avis, que les promoteurs, s'ils connaissent le prix
« versé par A., le communiquent à ceux qu'ils invi-
« tent à souscrire. Dans ce cas, la pensée qui vient
« naturellement à l'esprit du souscripteur, c'est que
« les promoteurs de la société, quelle que soit leur
« qualification exacte, ont considéré liv. st. 100.000
« comme un prix juste et raisonnable.... et qu'ils
« consentent à prendre leur propre part dans l'en-
« treprise aux mêmes conditions que ceux qu'ils in-
« vitent à se joindre à eux. Il se peut qu'ils aient été
« mauvais juges de la valeur de la propriété ou trop
« confiants ou négligents, mais le souscripteur d'ac-
« tions est censé savoir qu'il lui faut courir ce risque.
« S'il souscrit sur la foi du prospectus, il n'a été
« trompé ou égaré en aucune façon. Mais le cas est

« très différent si, par un autre contrat entre A. et
« les promoteurs de la société, le premier consent à
« ristourner aux seconds liv. st. 40.000 sur la somme
« qui lui est payée de manière que cette somme est
« divisée entre eux. Si le contrat entre A. et les pro-
« teurs est caché au souscripteur, ce dernier est
« amené par le prospectus à supposer que les pro-
« moteurs ont payé liv. st. 100.000, en croyant, à
« tort peut-être, mais honnêtement, que l'acquisition
« valait ce prix et qu'ils courent comme lui le risque
« que l'acquisition ne soit un mauvais marché, alors
« qu'en réalité ils complotent de mettre dans leurs
« poches une partie de la somme qu'ils espèrent le
« persuader d'apporter à la formation du capital de
« la société.

« Assurément, contre des actes aussi scandaleux,
« il fallait à l'actionnaire abusé un recours plus com-
« plet que celui qui résulte de la loi existante. Les
« termes de la section suffisent à le lui donner. Pour-
« quoi recevraient-ils une interprétation restrictive
« qui l'exclurait ? Adopter l'interprétation restrictive
« à laquelle on nous a pressés de nous ranger,
« aboutirait à réduire au minimum le recours qui
« résulte de la section. La non-révélation d'un con-
« trat, avec le sens étroit que conférerait au mot
« contrat l'interprétation restrictive, pourrait à peine
« être considérée comme une raison suffisante d'ac-
« corder à un actionnaire, à l'exclusion de toute

« autre personne, une protection aussi grande que
« celle qui est contenue dans la seconde partie de
« la section. D'autre part on refuserait la même
« protection quand l'effet du contrat serait d'assurer
« au promoteur un large profit pécuniaire et d'im-
« poser à la société et par suite à toutes les person-
« nes qui ont souscrit des actions une perte corres-
« pondante (1). »

La jurisprudence de l'interprétation libérale a pour
la première fois triomphé à l'unanimité dans un arrêt récent (2). Les décisions suivantes aident à préci-
ser la portée de cette jurisprudence :

La conclusion d'un contrat verbal n'a pas pour
effet de soustraire les auteurs du prospectus à l'application de la section 38 (3).

Lorsqu'un contrat est résilié par un contrat nouveau, on doit spécifier ce dernier et peut-être les
deux (4). Un contrat aux termes duquel liv. st. 7.500
devaient être payées à un promoteur ayant été résilié à la condition que les administrateurs donneraient
au promoteur une rémunération convenable, il a été

1. Sullivan v. Metcalfe [1880], 44 E.T. 8, Per Baggallay L. J.

2. Cacket v. Keswick [1902], 2 Ch. 456.

3. Arkwright v. Newbold [1881], 44 L. T. 393 ; Capel v. Sim's Ships
Compositions Co [1888], 58 L. T. 807.

4. Palmer, *op. cit.*, 310, à propos de l'arrêt London and Northern
Bank, Haddock's Case [1902], 2 Ch. 73.

jugé que cette dernière convention constitue un contrat dont l'omission rend le prospectus dolosif aux termes de la section 38 (1).

La section s'applique non seulement à un prospectus, mais aussi à un abrégé de prospectus, même si celui-ci indique où le prospectus complet peut être obtenu (2).

Fixés en ce qui concerne les contrats, nous n'avons cependant pas épuisé les difficultés d'interprétation qu'a fait naître la section 38. Il nous reste à déterminer le sens des mots : « qui l'auront (le prospectus) émis sciemment ». Ces mots ne signifient pas que les promoteurs, administrateurs et fonctionnaires (3) doivent, pour être frappés par la sanction de

1. Broome v. Speak [1903], 1 Ch. 586 and Shepheard v. Broome [1904], 91 L. T. 178.

2. Army etc. Society v. Craig. 8 T. L. R. 227.

3. Dans la première partie de la section 38, où il est question des contractants, le texte parle des promoteurs, administrateurs ou *trustees*. Dans la seconde partie, où il est question de la sanction, le texte parle des promoteurs, administrateurs et fonctionnaires. Cette différence de langage s'explique. Un *trustee* qui participerait à l'émission du prospectus deviendrait de ce fait même un promoteur. D'autre part, bien qu'en général les fonctionnaires de la société, tel que le secrétaire par exemple, ne soient pas responsables des irrégularités du prospectus, ils pourraient cependant être actionnés en responsabilité s'ils avaient participé en connaissance de cause à l'émission d'un prospectus dolosif.

la loi, avoir omis intentionnellement de mentionner certains contrats dans le prospectus. La loi est plus sévère. Il suffit, pour exposer les promoteurs, administrateurs et fonctionnaires de la société à un recours, qu'ils aient omis de mentionner dans le prospectus un contrat dont ils avaient connaissance et dont la mention était obligatoire.

Peu importe qu'ayant connu l'existence du contrat, les promoteurs, administrateurs et fonctionnaires de la société en aient ignoré le contenu ; peu importe qu'ils aient oublié un contrat dont ils avaient eu antérieurement connaissance et que des recherches attentives leur eussent fait découvrir (1) ; peu importe qu'ils aient ignoré l'existence du contrat s'ils se sont volontairement abstenus de se renseigner sur les contrats existants (2) ; peu importe enfin qu'à la suite d'un examen honnête et consciencieux, ils aient jugé que le contrat était sans importance ou même qu'ils aient abandonné à un homme de loi ou à tout autre conseil expérimenté le soin de choisir les contrats à mentionner (3). La sanction du texte est encourue quelle qu'ait été la bonne foi des pro-

1. Tate v. Macleay [1904], 2 Ch. 631.

2. Watts v. Bucknall [1902], 1 Ch. 766.

3. Twycross v. Grant [1877], 36 L. T. 812, Per Cockburn. — Watts v. Bucknall, *ibid.* — Tate v. Macleay, *ibid.* — Shepheard v. Broome [1904], 91 L. T. 178.

moteurs, administrateurs et fonctionnaires de la société.

Pour l'éviter, il leur faut établir qu'ils ne sont pas
responsables de l'émission du prospectus, en d'autres
termes, que c'est pour avoir été eux-mêmes trompés
qu'ils y ont participé (1). Si une omission s'est pro-
duite et qu'elle soit découverte après l'émission du
prospectus, les promoteurs, administrateurs et fonctionnaires qui ont émis le prospectus doivent, pour
échapper à toute responsabilité, non seulement ex-
pédier un nouveau prospectus correct, mais encore
signaler formellement aux souscripteurs l'omission
précédemment commise (2).

L'extrême difficulté de décider dans un grand
nombre de cas si tel ou tel contrat était visé par la
section 38 et, plus souvent encore, le désir de s'affranchir de l'obligation rigoureuse qu'imposait cette
section, favorisèrent l'insertion dans les bulletins de
souscription d'une clause appelée communément
« *waiver clause* », en vertu de laquelle le souscripteur renonçait à tous les recours qui pouvaient lui
appartenir du fait de la non-observation de la section. Cette clause de désistement se rencontre déjà

______

1. Watts v. Bucknall, *ibid.* — Hoole v. Speak [1904], 2 Ch. 732.

2. Arnison v. Smith [1889], 61 L. T. 63 ; nous étudions dans la
seconde partie la sanction de la section 38.

avant 1877 (1) et au moment du vote de l'act de 1900 elle était d'un usage universel.

La loi n'interdisait pas la « *waiver clause* ». Était-elle valable ? Lorsque la question s'est posée devant la jurisprudence, celle-ci l'a résolue à l'aide d'une distinction. Elle n'a pas condamné la « *waiver clause* » en principe. Elle l'a déclarée nulle toutes les fois qu'il n'en avait pas été fait un usage honnête, c'est-à-dire toutes les fois que la nature exacte des contrats omis n'avait pas été clairement indiquée ; est nulle, par exemple, la clause stipulant qu'il existe ou qu'il se pourrait qu'il existât d'autres contrats que ceux qui ont été mentionnés dans le prospectus (2). Elle en a admis la validité toutes les fois que la nature des contrats omis avait été désignée sans équivoque à l'attention du souscripteur (3).

Ainsi interprétée et appliquée, la section 38 ne réalisait pas une réglementation complète et satisfaisante du prospectus.

1. La première décision de jurisprudence relative à la section 38 a été rendue dans l'affaire Gover [1876], 20 Eq. 144. Tout ce qui concerne la nature des contrats dont la mention est exigée n'y est discuté qu'accessoirement, car il s'agissait de savoir si la section 38 donnait ouverture à l'action en rescision.

2. Greenwood v. Leather Shod Wheel [1900], 1 Ch. 421 ; Cacket v. Keswick [1902], 2 Ch. 456 ; Watts v. Bucknall [1902], 1 Ch. 766.

3. Macleay v. Tate [1905], App. Ca. 24.

Elle imposait la mention des contrats seulement :
or, en dehors des contrats, beaucoup d'éléments
qu'il importe à un souscripteur de connaître concourent à la formation d'une société.

Même en ce qui concerne les contrats, les prescriptions de la section 38 n'étaient pas pratiques. Il
suffisait en effet de mentionner la date des contrats
et les noms des contractants sans qu'il fût nécessaire
d'indiquer dans quel lieu et à quel moment les personnes désireuses de souscrire pourraient consulter
les contrats.

La section 38 ne s'appliquait pas aux émissions
d'obligations.

Enfin, elle ne gouvernait que les prospectus qui
offraient des actions à souscrire et ne s'étendait pas
à ceux qui avaient en vue la vente d'actions déjà souscrites.

III

Les acts de 1900 et de 1907.

LE PROSPECTUS

L'œuvre considérable de 1900 est le résultat d'un travail de six années fourni successivement par une commission extra-parlementaire, une commission parlementaire et le Parlement lui-même.

Sans attaquer la base sur laquelle le législateur de 1862 avait édifié le système juridique de la société par actions, elle consacre le succès d'une réaction ancienne, fortifié chaque jour par des abus scandaleux, contre une liberté d'abord sans limites, puis pauvrement et inhabilement réglementée.

Dès qu'on jette les yeux sur le chapitre qui traite du prospectus, on est frappé par son abondance et son minutieux détail qui contrastent avec la concision de la section 38 de l'act de 1867.

Ce chapitre comprend trois divisions qui forment les sections 9, 10 et 11.

La sous-section 1 de la section 10 de l'act de 1900 a été abrogée par la sous-section 1 de la section 2 de l'act de 1907. Le texte nouveau reproduit presque intégralement le texte antérieur. Les changements révèlent un souci d'arrêter la réglementation précisément au point où son utilité ne justifie plus les entraves qui en résultent. Les additions sont un signe que l'interventionisme de 1900 n'était pas un phénomène passager.

La sous-section 1 de la section 2 de l'act de 1907 est aujourd'hui le texte le plus important au point de vue de l'économie du prospectus.

En voici la traduction et le commentaire.

Les additions et modifications qu'il apporte au texte de 1900 sont imprimées en italiques. Toutes les fois que le texte de 1900 a été modifié, la traduction des parties modifiées est donnée en note ou dans le commentaire :

« TOUT PROSPECTUS ÉMIS PAR OU AU NOM D'UNE SOCIÉTÉ OU PAR OU AU NOM DE TOUTE PERSONNE QUI EST OU A ÉTÉ ENGAGÉE OU INTÉRESSÉE DANS LA FORMATION DE LA SOCIÉTÉ DOIT INDIQUER :

a). — LE CONTENU DE L'ACTE D'ASSOCIATION AVEC LES NOMS, ADRESSES ET PROFESSIONS DES SIGNATAIRES, LE NOMBRE DES ACTIONS SOUSCRITES PAR CHACUN D'EUX, LE NOMBRE DES ACTIONS DE FONDATEURS, DE DIRECTEURS (1) OU *différées*, S'IL EN EXISTE, AINSI QUE LA

____

1. *Management shares.*

NATURE ET L'ÉTENDUE DE L'INTÉRÊT QU'ELLES CONFÈ-
RENT A LEURS PORTEURS DANS LE CAPITAL ET LES BÉNÉ-
FICES DE LA SOCIÉTÉ.

Ainsi, il faut spécifier les droits des porteurs d'actions de fondateurs ou autres énumérées dans la
deuxième partie du paragraphe *a*, tant au regard des
dividendes, qu'au regard de l'actif social dans l'hypothèse d'une liquidation. Il est en effet du plus grand
intérêt pour un souscripteur d'actions de connaître
la mesure exacte des droits réservés aux porteurs
d'actions de numéraire.

b). — LE NOMBRE D'ACTIONS DONT LA POSSESSION EST
EXIGÉE DES ADMINISTRATEURS PAR LES STATUTS, LORS-
QUE CEUX-CI SE PRONONCENT SUR CE POINT...

On appelle « *qualification shares* » les actions
qu'il est nécessaire de posséder pour occuper le
poste d'administrateur. La loi n'impose pas la qualité d'actionnaire comme une condition nécessaire et
préalable à l'exercice des fonctions d'administrateur.
Les nouveaux statuts types (*The Revised Table A,
1906*), qui, de plein droit, gouvernent les sociétés
qui n'en ont pas adopté d'autres et complètent les
statuts incomplets, n'obligent pas un administrateur
à posséder plus d'une action, si bas qu'en soit le taux.

Mais la plupart des statuts fixent à liv. st. 100 ou
liv. st. 200 en actions le minimum de la participa-
tion des administrateurs dans l'entreprise.

...ET TOUTE CLAUSE DES STATUTS RELATIVE A LA RÉMU-
NÉRATION DES ADMINISTRATEURS.

c). — LES NOMS, PROFESSIONS ET ADRESSES DES ADMI-
NISTRATEURS OU DES ADMINISTRATEURS PROPOSÉS.

L'adresse signifie le domicile et non pas seulement
le lieu où l'administrateur exerce sa profession (1).

La profession véritable doit être indiquée ; les
mots : administrateur de la société X... (la société
en question) ne suffisent pas.

Quand les administrateurs n'ont pas été désignés
par les promoteurs, en vertu des statuts types, les
signataires de l'acte d'association tiennent lieu d'administrateurs jusqu'à ce que ceux-ci aient été nom-
més par l'Assemblée générale.

d). — LE MINIMUM A SOUSCRIRE POUR QUE LES ADMI-
NISTRATEURS PUISSENT PROCÉDER A LA RÉPARTITION...

Avant 1900, les administrateurs avaient le droit de
répartir les actions en dépit d'un chiffre de souscriptions si infime que l'affaire était d'avance condamnée. Des abus s'étaient produits. L'act de 1900 et
après lui l'act de 1907 disposent, qu'en l'absence de
l'indication d'un minimum à souscrire, d'ailleurs
librement fixé, il ne peut pas être procédé à la répartition avant que le capital entier ait été souscrit. La

1. Story v. Rees [1890], 24 Q. B. D. 748.

lecture du prospectus renseigne ainsi le souscripteur sur l'étendue du risque que d'autres doivent assumer avec lui pour que la société entre en vie.

... ET LA SOMME A VERSER SUR CHAQUE ACTION AU MOMENT DE LA SOUSCRIPTION ET DE LA RÉPARTITION.

Souvent, en vue d'attirer les souscripteurs, le prospectus stipule qu'il ne sera pas appelé plus de la moitié du capital nominal de chaque action. Une stipulation de ce genre ne lie pas la société et celle-ci reste libre d'appeler la totalité du capital.

DANS LE CAS D'UNE SECONDE OU SUBSÉQUENTE OFFRE D'ACTIONS, LA SOMME OFFERTE EN SOUSCRIPTION LORS DE CHAQUE RÉPARTITION *faite dans les deux années qui ont précédé*, LA SOMME EFFECTIVEMENT RÉPARTIE, ET, S'IL Y A LIEU, LA PROPORTION DONT LES ACTIONS SONT LIBÉRÉES (1).

Ceci dévoile au souscripteur combien de fois, dans les deux dernières années, la société a sollicité le public et comment celui-ci a accueilli ces sollicitations. La limite de deux ans a été introduite par l'act de 1907 : des sociétés anciennes, qui avaient procédé à de nombreuses émissions, s'étaient plaintes de la difficulté de reconstituer un passé souvent lointain. Malgré cette restriction, le texte atteint bien le but visé, qui est d'avertir le public contre les promoteurs

---

1. Depuis 1900 aucune action ne peut être répartie si elle n'est libérée d'au moins 5 0/0.

qui traînent une affaire d'échec en échec à travers
des clientèles étrangères les unes aux autres, jusqu'au
jour où un groupe de dupes les aide à la constituer
en société.

e). — LE NOMBRE ET LE MONTANT DES ACTIONS ET
OBLIGATIONS ÉMISES OU QU'IL A ÉTÉ CONVENU D'ÉMETTRE
TOTALEMENT OU PARTIELLEMENT LIBÉRÉES AUTREMENT
QU'EN ESPÈCES *au cours des deux dernières années ;*
DANS CE DERNIER CAS, LA PROPORTION DONT ELLES SONT
LIBÉRÉES ; DANS LES DEUX CAS, LA PRESTATION CONTRE
LAQUELLE CES ACTIONS ET OBLIGATIONS ONT ÉTÉ ÉMISES
OU DOIVENT L'ÊTRE.

Cette communication permet au souscripteur de se
rendre compte de la proportion du capital espèces
dans le capital d'exploitation de la société. En dis-
pensant de remonter au delà de deux ans on a cher-
ché à alléger le prospectus.

f). — LES NOMS ET ADRESSES DES VENDEURS DE L'OB-
JET ACHETÉ OU ACQUIS OU DONT L'ACHAT OU L'ACQUI-
SITION EST PROJETÉ PAR LA SOCIÉTÉ, LORSQUE LE PRIX
DOIT ÊTRE PAYÉ COMPLÈTEMENT OU PARTIELLEMENT A
L'AIDE DU PRODUIT DE L'ÉMISSION DES TITRES OFFERTS
EN SOUSCRIPTION PAR LE PROSPECTUS OU LORSQUE L'ACHAT
OU L'ACQUISITION N'EST PAS PARFAIT A LA DATE DE LA
PUBLICATION DU PROSPECTUS ; LA SOMME PAYABLE EN
ESPÈCES, ACTIONS OU OBLIGATIONS AU VENDEUR ET QUAND

IL Y A PLURALITÉ DE VENDEURS OU QUE LA SOCIÉTÉ EST UN SOUS-ACQUÉREUR, LA SOMME PAYABLE A CHAQUE VENDEUR ; *toutefois quand les vendeurs ou l'un d'eux sont une raison sociale, les membres de la raison sociale ne seront pas traités comme des vendeurs distincts.*

g). — S'IL Y A LIEU, LE MONTANT PAYÉ OU À PAYER EN NUMÉRAIRE, ACTIONS OU OBLIGATIONS COMME PRIX D'ACHAT DE L'OBJET CI-DESSUS MENTIONNÉ, EN SPÉCIFIANT S'IL Y A LIEU, LA SOMME STIPULÉE POUR LA CLIENTÈLE.

Pour l'intelligence de ces paragraphes, il est indispensable d'en rapprocher les sous-sections 2 et 3 de la section 10 de l'act de 1900, ainsi conçues :

SOUS-SECTION 2 : POUR L'UTILITÉ DE CETTE SECTION (la section 10), SERA RÉPUTÉ VENDEUR, QUICONQUE AURA CONCLU UN CONTRAT ABSOLU OU CONDITIONNEL DE VENTE OU D'ACHAT OU D'OPTION D'ACHAT RELATIF À UN OBJET DESTINÉ À ÊTRE ACQUIS PAR LA SOCIÉTÉ, TOUTES LES FOIS QUE :

a) LE PRIX D'ACHAT N'EST PAS INTÉGRALEMENT PAYÉ À LA DATE DE LA PUBLICATION DU PROSPECTUS ;

b) LE PRIX D'ACHAT DOIT ÊTRE PAYÉ OU COMPLÉTÉ EN TOUT OU EN PARTIE AVEC LE PRODUIT DE L'ÉMISSION DES TITRES MIS EN SOUSCRIPTION DANS LE PROSPECTUS ;

c) LE CONTRAT EST SUBORDONNÉ POUR SA VALIDITÉ OU SON EXÉCUTION AU RÉSULTAT DE LADITE ÉMISSION.

SOUS-SECTION 3 : QUAND L'OBJET À ACQUÉRIR PAR LA SOCIÉTÉ DOIT ÊTRE PRIS À BAIL, CETTE SECTION (la section 10) S'APPLIQUERA COMME SI L'EXPRESSION « VENDEUR » CONTENAIT LE LOCATEUR, L'EXPRESSION « PRIX D'ACHAT » LE LOYER, ET L'EXPRESSION « SOUS-ACQUÉREUR » UN SOUS-LOCATAIRE.

Le mérite de toutes ces clauses concernant les acquisitions de la société a été singulièrement exalté.

On a dit qu'elles ont supprimé l'interposition de personnes en projetant la lumière sur la chaîne parfois longue des hommes de paille, dont le rôle de vendeur n'est qu'un prétexte à l'inflation du prix ; qu'en obligeant à spécifier la portion du prix qui correspond à la clientèle, cet article de l'actif si vague, si difficile à évaluer, elles ont détruit le refuge secret des majorations ; qu'en dénonçant la part exacte dans le prix de chacun des ayants droit, elles ont révélé au public la valeur attribuée à l'objet vendu par le vendeur véritable, dont « le masque est arraché », et désigné à tous celui qui bénéficie principalement de la constitution de la société.

C'est surtout dans les sociétés qui ont pour objet l'exploitation de mines, de concessions, de brevets, et, d'une manière générale, de propriétés dont la valeur est incertaine, que les majorations cachées sont le plus à redouter. L'exemple suivant se rencontre fréquemment (1) : Le prospecteur vend sa mine à un spéculateur moyennant quelques centaines de livres, plus un dixième du capital actions de la société qui sera formée pour acheter la mine et l'exploiter. Le spéculateur « apporte la mine en Angleterre ». Il la vend à des financiers pour quelques milliers de livres et un tiers du capital actions de la future société. Les financiers achètent la mine au nom d'une personne interposée et fondent une société à qui la mine est vendue moyennant les deux tiers du capital actions et une somme suffisante pour payer leurs débours. Le public souscrit le nombre d'actions qu'il faut pour fournir cette somme et le capital d'exploitation de la société.

Il est certain qu'un mystère voile souvent aux souscripteurs les circonstances compromettantes des acquisitions d'une société.

Mais la section 38 de l'act de 1867 que nous avons analysée dans le chapitre précédent ne permettait-elle pas de le percer aussi bien que les textes nouveaux, grâce à l'interprétation large qu'elle avait reçue de la jurisprudence ?

S'étendant à tous les contrats, elle s'appliquait naturellement aux contrats d'acquisition et la date de ces contrats et les noms des contractants, par con-

1. F. Gore-Browne and William Jordan, Handbook on the Formation, Management and Winding up of Joint Stock Companies [1908], 92.

séquent aussi les noms des vendeurs, devaient être
indiqués dans le prospectus.

Sans doute, elle n'obligeait pas à fournir des indications de temps et de lieu pour l'examen des contrats ; mais aucune personne curieuse de se renseigner eût-elle souscrit, si sa demande d'étudier un
ou plusieurs contrats mentionnés dans le prospectus
eût rencontré un refus ou même des difficultés ?

Or, par la lecture des contrats, le souscripteur
appréciait le nombre et la rémunération des intermédiaires et, s'il désirait connaître la valeur, attribuée
à la clientèle, il lui suffisait de soustraire du prix global de l'apport le total des sommes allouées pour
chacun de ses autres éléments.

Les prescriptions nouvelles n'assurent pas même
l'avantage de mettre en relief les clauses des contrats
d'acquisition qu'elles ont eu pour but de signaler au
souscripteur. Afin de rendre inoffensive la section 38
de l'act de 1867, les promoteurs ou autres auteurs
du prospectus se servaient de la généralité des mots
« tout contrat » pour perdre le souscripteur au milieu
d'un amas de vaines indications. La terminologie
actuelle encourage la même manœuvre : la loi ne
distingue pas entre les contrats d'acquisition ; elle
s'applique à tous indifféremment, toutes les fois que
le prix n'a pas été payé en entier avant la publication du prospectus (1). Or, dès qu'une société fonc-

1. Même quand le prix a été payé en entier, les contrats d'acquisi-

tionne depuis un certain temps, il existe une infinité
de contrats en cours pour l'achat de matières premières, de marchandises. Leur révélation profite
aussi peu au souscripteur qu'elle est dangereuse pour
la société forcée d'étaler sous les yeux des concurrents l'essence même de sa vie commerciale.

Enfin, notons que les infractions à la section 38
de l'act de 1867 sont traitées plus rigoureusement
que les infractions aux textes qui l'ont remplacée.

Ce n'est pas à dire que nous contestions toute
valeur aux acts de 1900-1907. D'abord, nous ne sau-
rions méconnaître l'effort sincère et courageux du
législateur vers l'honnêteté ; puis, le souscripteur
trouve désormais dans le prospectus, sans démar-
ches, un grand nombre de renseignements qu'il n'y
eût peut-être pas trouvés autrefois. Mais nous avons
voulu montrer que le progrès réalisé est plutôt une
mise au point des textes législatifs en conformité de
résultats dus à la jurisprudence ou de droits contenus dans le texte antérieur que la manière de révo-
lution dont la plupart des auteurs l'ont emphatique-
ment qualifié.

Le texte, avec les limitations que nous connais-
sons, impose de révéler dans le prospectus le nom,
l'adresse et la rémunération du vendeur ou des ven-

tion devront le plus souvent être rendus publics en vertu du § K de
la section 2, sous-section 1, de l'Act de 1907. V. *infra*, 48.

deurs successifs ou, s'il s'agit d'un objet loué ou
sous-loué par la société, le nom, l'adresse et la rémunération du locateur ou des locateurs successifs.
S'applique-t-il lorsque la société, au lieu de louer
ou de sous-louer, achète le droit au bail ? Non, sans
aucun doute, si on l'interprète strictement. Il n'existe
pas encore de décisions sur ce point, mais si la
jurisprudence n'accomplit pas une fois de plus une
œuvre prétorienne, il deviendra facile de se jouer de
la loi : en o tenant du propriétaire ou, dans l'hypothèse de ventes successives, du dernier propriétaire
un bail à très long terme, celui qui le vendra à la
société évitera d'une façon licite aux auteurs du
prospectus la divulgation de ce que lui a coûté le
bail (1). On saisit toute la gravité de ce danger dans
un pays comme l'Angleterre, où, pour les immeubles,
le bail à long terme est d'un usage constant, aussi
fréquent peut-être que l'aliénation.

L'act de 1907 a dû restreindre sur un point la
portée de l'act de 1900. Lorsque « les vendeurs ou
l'un d'eux sont une raison sociale », elle dispense
de révéler dans le prospectus la somme versée à
chacun des membres de la raison sociale. Le monde
des affaires avait vivement protesté contre une prescription légale qui aboutissait à rendre publics les
contrats d'association.

---

1. Cette lacune de la loi nous a été confirmée par M. F. Gore-Browne.

h). — S'IL Y A LIEU, LE MONTANT PAYÉ *pendant les deux dernières années*, OU À PAYER, À TITRE DE COMMISSION, POUR LA SOUSCRIPTION OU LA PROMESSE DE SOUSCRIPTION, POUR AVOIR PROCURÉ OU PROMIS DE PROCURER LA SOUSCRIPTION D'ACTIONS *ou d'obligations* DE LA SOCIÉTÉ, OU LE TAUX D'UNE SEMBLABLE COMMISSION. TOUTEFOIS IL N'EST PAS NÉCESSAIRE D'INDIQUER LA COMMISSION PAYABLE AUX *sous-underwriters*.

Plus simplement, le texte vise les commissions versées ou promises aux souscripteurs, courtiers et *underwriters*.

Avant 1900, la légalité de ces commissions était douteuse. La jurisprudence s'était bornée à reconnaître aux sociétés le droit de payer une commission raisonnable à des courtiers pour le placement des actions.(1) Aussi la commission était-elle rendue publique seulement lorsqu'elleé tait minime. C'était l'exception. Il s'agissait alors d'affaires dont on savait quepresque toutes les actions trouveraient acquéreur. Les actions étaient confiées à différents banquiers ; ceux-ci les écoulaient dans leur clientèle moyennant un courtage dont le taux, bien que libre, variait peu et était toujours réduit, et ils retournaient après un certain temps à la société les titres invendus.

Ce procédé ne pouvait convenir à la plupart des

1. Metropolitan Coal Consumers' Association v. Scrimgeour [1895],
2 . B. 604.

sociétés, incertaines de l'accueil réservé à l'émission, et obligées, au prix d'un sacrifice parfois très lourd, de s'assurer contre un insuccès possible. Pour elles, le seul moyen pratique était de s'adresser à des underwriters.

Un *und·rwriter* est une personne qui, en échange d'une commission acquise, s'engage, si la totalité ou une partie déterminée d'un capital émis n'est pas souscrite par le public, à souscrire elle-même le reliquat.

C'est un assureur.

Afin de servir l'intérêt des sociétés sans exposer les *underwriters* à la répétition de leurs gains, l'usage se généralisa bientôt d'ajouter clandestinement la somme qui leur était destinée au prix des apports.

L'act de 1900 a inauguré un régime de franchise. Il a légalisé les commissions quelle qu'en soit l'importance lorsqu'elles sont payées, dans la limite fixée par les statuts, à l'occasion d'une émission publique d'actions et que leur taux ou leur montant est exprimé dans le prospectus.

L'act de 1907 confirme la tendance du législateur de 1900. Il admet au bénéfice de l'act de 1900, à des conditions analogues, les sociétés qui, sans être des sociétés privées, n'émettent cependant pas de prospectus. Nous étudions plus loin ces sociétés. Il étend l'act de 1900 aux émissions d'obligations. Enfin, il reconnaît la validité des commissions payées par les apporteurs sur le prix de leurs apports, mais seulement lorsqu'elles n'excèdent pas la somme permise par les statuts et qu'elles ont reçu la publicité exigée par la loi. Ces restrictions suffisent à rendre inoffensive la pratique ancienne que nous avons décrite. Elle n'a pas perdu toute utilité, car il n'est pas rare que les apporteurs s'engagent, moyennant une commission qui s'ajoute au prix des apports, à procurer le capital de la société. Ils deviennent des *underwriters*.

Souvent les *underwriters* délèguent une partie de leurs droits et obligations à des croupiers appelés *sous-underwriters*.

On a récemment soutenu que les contrats entre *underwriters* et *sous-underwriters* sont des contrats importants aux termes du § K de la section 10, sous-section 1, de l'act de 1900, reproduit dans l'act de 1907 (nous commentons ce paragraphe à sa place) et qu'ils doivent être mentionnés dans le prospectus. L'act de 1907 a formellement condamné cette prétention, adoptant ainsi l'opinion de la jurisprudence (1).

Une société a le droit de payer une commission à ses souscripteurs. Cela n'enfreint pas à vrai dire la règle fondamentale qui interdit d'émettre les actions au-dessous du pair; car, dans l'hypothèse d'une liquidation, chaque souscripteur n'en est pas moins tenu

---

1. Calvert v. Kintore [1904], Times, 18 novembre.

de contribuer à l'actif jusqu à concurrence du capital nominal de ses actions, tandis qu'il est relégué parmi les créanciers chirographaires pour le montant de sa commission.

Notons en terminant que les anciens doutes sur la légalité des commissions ne s'étendaient et que les conditions actuelles à leur validité ne s'appliquent qu'aux commissions prélevées sur le capital de la société. Les commissions prélevées sur les bénéfices ont toujours été licites. Depuis 1901, les contrats qui les constatent doivent, s'ils sont « importants », être mentionnés dans le prospectus. Mais l'inobservation de cette formalité ne causerait pas la nullité des contrats. En raison de son caractère aléatoire, la commission sur les bénéfices est peu appréciée et les intermédiaires s'en contentent rarement.

i). — LE MONTANT RÉEL OU ESTIMATIF DES DÉPENSES PRÉLIMINAIRES.

Celles-ci se composent généralement des honoraires pour rédaction des statuts et contrats, des droits d'enregistrement, des frais d'impression du prospectus et des bulletins de souscription, des frais de publication du prospectus.

j). — LES SOMMES PAYÉES *dans les deux dernières années* OU QUE LA SOCIÉTÉ A L'INTENTION DE PAYER À TOUT PROMOTEUR ET LA CAUSE DE CES PAIEMENTS.

k). — Les dates et les noms des parties pour tout contrat important (1), un temps et un lieu raisonnables pour l'inspection de tout contrat ou copie de tout contrat important. Cette prescription ne s'appliquera pas à un contrat concernant les affaires courantes de la société ou que la société a l'intention d'entreprendre, ni à tout contrat passé plus de *deux* ans (2) avant la publication du prospectus.

Le projet exigeait en outre un exposé de l'effet des contrats importants. On soutint, et cette opinion prévalut, qu'il est impossible de prévoir tout ce qui peut résulter d'un contrat et que les auteurs du prospectus, afin de dégager leur responsabilité ou de décourager le désir de connaître des souscripteurs, suivant qu'ils seraient consciencieux ou malhonnêtes, en arriveraient à publier le texte intégral des contrats et à transformer le prospectus en un véritable volume (3).

De même que les clauses qui règlent les acquisitions de la société, la clause relative aux contrats a fait naître une vive admiration. Elle ne nous semble pas plus justifiée.

---

1. *Material.*

2. Trois, dans l'act de 1900.

3. La prescription du projet de révéler « tout fait important » connu des auteurs du prospectus dut être abandonnée pour des raisons analogues. Sa généralité étonnait d'ailleurs à la suite de tous les faits particuliers que les paragraphes précédents obligeaient à divulguer.

Le texte, en effet, atteint au comble de l'impréci-
sion.

Il ne définit pas le « contrat important ». Il n'indique pas même, comme l'indiquait la section 38 de
l'act de 1867, de quels contractants il est question.
Un contrat passé entre les concurrents d'une société,
duquel doit résulter un bouleversement des conditions du marché, est sans doute un contrat important. Il est certain néanmoins qu'un tel contrat
déborde les limites du texte et que les auteurs du prospectus, qui l'ont connu, ne sont pas obligés de le dévoiler.

L'interprétation jurisprudentielle de la section 38
de l'act de 1867 survit. Elle seule est une base solide.

En continuant de se reposer sur les tribunaux du
soin d'orienter un texte indécis, deux acts, longuement élaborés, du Parlement, ont échoué contre le
même obstacle que la loi d'essai sur le prospectus.

Nous avons déjà signalé le peu d'intérêt que présente l'obligation d'indiquer dans le prospectus un
temps et un lieu convenables pour l'examen des contrats. En fait, les contrats étaient toujours à la disposition du souscripteur chez le solicitor de la
société.

Le refus de communication n'est sanctionné que
par le refus de souscrire. Est-ce suffisant ? N'était-il
pas préférable d'édicter une amende ? Sans doute,
ç'eût été contester à la société le choix de ses action-

naires. Mais elle ne l'exerce en général que pour éconduire les rédacteurs de journaux financiers, venus en curieux, dont elle redoute une perspicacité qui n'est pas à craindre du public.

l). — S'IL Y A LIEU, LES NOMS ET ADRESSES DES « *auditors* » DE LA SOCIÉTÉ (**1**).

m). — S'IL Y A LIEU, DES RENSEIGNEMENTS COMPLETS SUR LA NATURE ET L'ÉTENDUE DE L'INTÉRÊT DE CHAQUE ADMINISTRATEUR DANS LA PROMOTION DE LA SOCIÉTÉ OU DANS LES OBJETS QUE LA SOCIÉTÉ SE PROPOSE D'AC-QUÉRIR. *Lorsque l'intérêt d'un administrateut provient de ce qu'il est membre d'une raison sociale, la nature et l'étendue de l'intérêt de la raison sociale.* UN ÉTAT DE TOUTES LES SOMMES PAYÉES OU PROMISES À UN ADMINISTRATEUR OU À UNE RAISON SOCIALE EN ESPÈCES, EN ACTIONS *ou autrement* PAR UNE PERSONNE QUELCONQUE, *soit pour décider l'admi-nistrateur à accepter ses fonctions,* SOIT POUR LE MUNIR DE SES « ACTIONS DE QUALIFICATION », SOIT ENCORE EN RÉMUNÉRATION DE SERVICES RENDUS PAR LUI *ou par la raison sociale dans la promotion* OU DANS LA CONSTITUTION DE LA SOCIÉTÉ.

---

1. Les *auditors* correspondent à nos commissaires des comptes
s'il y a lieu signifie : s'ils sont déjà désignés.

L'administrateur occupe un poste fiduciaire à l'égard de la société. Avant les acts de 1900 et de 1907, les principes généraux du droit lui interdisaient de posséder dans la société aucun intérêt ou d'en tirer aucun profit secret. Mais le secret était rompu dès que l'intérêt ou le profit avait été dévoilé à un conseil d'administration composé d'un quorum indépendant et admis par lui. L'aveu public n'était pas exigé. Rien ne décelait au souscripteur l'existence d'intéressés ou de stipendiaires.

n). — Quand la société a des actions de plusieurs classes, le droit de vote dans les assemblées conféré respectivement par les différentes classes d'actions.

Il est d'un usage assez fréquent de restreindre le droit de vote des actionnaires de préférence. L'act de 1907 oblige à renseigner le souscripteur sur l'influence que lui procurent dans l'administration de la société les titres qu'il souscrit.

Un prospectus contenant toutes les indications que nous avons énumérées satisferait au maximum des exigences légales. Mais le prospectus est souvent moins complet.

Tantôt la société n'a rien à répondre à quelques-unes des questions que lui pose la loi. Ainsi, il peut se faire que les statuts n'exigent pas que les administraleurs possèdent un nombre déterminé d'actions, qu'ils n'indiquent pas de minimum à souscrire avant de procéder à la répartition ; il peut se faire encore qu'il n'existe pas d'actions ou d'obligations libérées autrement qu'en espèces, non plus que de contrats *d'underwriting*, que les promoteurs ne reçoivent aucune rémunération, que les administrateurs n'aient pas d'intérêt dans la société, que les auditors n'aient pas été désignés.

Tantôt, en raison de circonstances particulières, la loi elle-même dispense la société de fixer le souscripteur sur certains points. Lorsque le prospectus est publié plus d'un an après que la société a acquis le droit de poursuivre son objet, les prescriptions relatives à l'acte d'association, aux noms, adresses, professions des administrateurs, au nombre d'actions qu'ils doivent posséder, à leur rémunération, à leur intérêt dans la société, au chiffre des dépenses préliminaires, perdent leur caractère obligatoire (1). Quand le prospectus est publié comme réclame dans un journal, il n'est pas nécessaire de reproduire le contenu de l'acte d'association, les noms de ses signataires ni le nombre d'actions souscrit par chacun d'eux.

---

1. L'act de 1900 ajoute que dans ce cas les règles sur les contrats importants ne s'appliquent qu'à une période de deux ans à dater de la publication du prospectus. Cette limitation est devenue le droit commun dans l'act de 1907.

En dehors de ces dérogations légales aux acts de 1900-1907, aucune dérogation conventionnelle n'est possible : une crainte peut-être excessive de ressusciter les anciens abus a fait prononcer la nullité des clauses de désistement.

Le législateur a voulu éviter qu'on puisse tourner la loi et échapper aux devoirs qu'elle impose au moyen d'un facile artifice de terminologie. La définition du prospectus est très large : « L'expression prospectus signifie tout prospectus, notice, circulaire, annonce ou autre invitation au public de souscrire ou d'acheter des actions ou obligations d'une société ». Donc, que le prospectus ait été émis avant ou après l'incorporation de la société(1), qu'il s'agisse d'actions ou d'obligations, que l'on s'adresse à des souscripteurs ou, si les titres sont déjà souscrits et à la condition qu'ils soient mis en vente par des personnes engagées ou intéressées dans la constitution de la société, à des acheteurs (2), la loi s'applique aussitôt qu'il est fait appel au public.

1. Le prospectus est parfois émis avant l'incorporation par des promoteurs qui ne veulent pas payer les frais assez élevés de cette formalité sans être d'abord certains de quelques adhésions. L'inconvénient du procédé, c'est que le nom de la société ne lui est pas acquis et qu'une société rivale peut, en se faisant incorporer avant elle, se l'approprier exclusivement. Le prospectus émis avant l'incorporation doit spécifier que la société n'est pas encore incorporée. Il est soumis aux mêmes règles que le prospectus émis après l'incorporation.

2. Dans le cours de cette étude nous avons toujours raisonné sur le

Mais qu'est-ce que l'appel au public? La loi explique-t-elle ce terme vague ? Nullement. Le seul renseignement que l'on rencontre dans la loi c'est que le fait d'offrir de nouvelles actions ou obligations aux actionnaires ou obligataires d'une société, ne constitue pas un appel au public, même si les actionnaires souscrivent des obligations et les obligataires des actions et même si les actionnaires ou obligataires ont le droit de renoncer aux actions ou obligations souscrites par eux en faveur de personnes étrangères à la société (1). La loi signale une exception sans énoncer la règle.

Un travail de précision s'offrait à la jurisprudence. L'a-t-elle accompli ?

Elle a décidé que le fait de la part des administrateurs de remettre une circulaire à leurs amis, même au nombre de quarante, avec l'intention que ceux-ci la communiquent à leurs propres amis ne constitue pas un appel au public (2). Elle a rendu la même décision dans un cas où les promoteurs et les adminis-

cas le plus fréquent où le prospectus s'adresse uniquement à des souscripteurs.

1. Par contre les dispositions sur le prospectus s'appliquent aux sociétés même antérieures au 1er janvier 1901, c'est-à-dire à la mise en vigueur de l'act de 1900, qui, lors d'une augmentation de leur capital actions ou obligations s'adressent à un nouveau public.

2. Sleigh v. Glasgow and Transvaal Options [1904], Court of Sess., 6 F. 420.

trateurs avaient envoyé deux cent vingt exemplaires d'un prospectus à leurs amis et l'arrêt ajoute qu'il ne peut y avoir appel au public que si les titres sont offerts à tout venant (1).

Ces solutions n'ont pas la valeur d'un critérium et il est naturel que les promoteurs soient souvent embarrassés de savoir s'ils doivent ou non émettre un prospectus conforme à la loi (2).

Le prospectus ainsi rédigé est daté. Il est signé par toute personne qui y est mentionnée comme administrateur ou administrateur proposé ou par son fondé de pouvoir muni d'une procuration écrite. Il est enfin déposé au bureau du *Registrar of Joint Stock Companies.*

Alors seulement il peut être émis. Une publication prématurée entraînerait pour tous ceux qui y auraient sciemment pris part une amende de liv. st. 5 par jour. Le dépôt a une importance capitale. Le prospectus n'était qu'une feuille obscure, variable, contestable ; le dépôt en fait un document public, définitif et irrécusable, un témoin constant des droits et des responsabilités.

---

1. Sherwell v. Combined Incandescent Mantles Syndicate [1907], W. N. 110.

2. La question a peut-être perdu un peu de son intérêt depuis que l'Act de 1907 prescrit le dépôt d'un *statement in lieu of prospectus* dans la plupart des cas où il n'est pas émis de prospectus. V. *infra.*

Nous avons achevé l'exposé de la législation. Essayons d'en dégager le résultat.

Avant l'entrée en vigueur de l'act de 1900, l'émission d'un prospectus était le mode habituel de réunir le capital d'une société par actions. Cet usage allait-il se maintenir et les promoteurs se soumettraient-ils sans résistance aux nouvelles prescriptions ?

L'act de 1900 fut bientôt assailli de critiques. Celles des lanceurs d'affaires, d'abord violentes, s'apaisèrent dès qu'ils eurent trouvés dans la loi même des moyens faciles de l'éviter. Celles des moralistes de la finance, d'abord timides, s'accentuèrent d'autant.

Pendant les quelques mois qui séparèrent le vote de l'act de 1900 de sa mise en application, on vit les promoteurs se hâter d'émettre des prospectus afin d'écouler le plus de titres possible sous le bénéfice de l'ancienne législation.

Dès 1901, le nombre des prospectus diminue et le prospectus se raréfie encore dans les années suivantes. La statistique en fait foi : en 1901, 11,78 0/0 des sociétés incorporées avaient émis un prospectus ; en 1905 la proportion tombe à 8,07, chiffre qui marque une reprise sur 1904 où la proportion était descendue à 7,07.

Les promoteurs recouraient à divers procédés pour s'affranchir de l'émission d'un prospectus.

Ils constituaient la société et souscrivaient toutes les actions ou le minimum prévu par les statuts. Puis ils procédaient à la création d'un marché à l'aide de transactions fictives et provoquaient ainsi une hausse des cours, jusqu'à ce que le public, influencé par l'abondance de demandes qu'il croyait sincères et poussé par les conseils de *brokers* intéressés ou de journaux payés, eût acheté leurs souscriptions. Ce détour enrichissait les promoteurs du montant de la prime, mais il avait le défaut d'être incompatible avec l'admission à la cote officielle qui, suivant les règles du *Stock Exchange*, est dispensée aux seules sociétés qui ont émis un prospectus conforme à la loi.

Ou encore, ils constituaient la société à l'étranger, à Guernesey par exemple.

Enfin, ils se servaient de l'ingénieux stratagème suivant : une petite société était fondée, qui souscrivait la quantité d'actions de la société principale que les promoteurs désiraient placer. La petite société mettait ensuite ces actions en vente au moyen d'un prospectus dont la confection était libre puisqu'il n'était émis ni par ni pour le compte de la société principale, ni par une personne engagée ou intéressée dans la formation de cette société. La ruse était d'autant plus dangereuse que les coupables étaient à peu près assurés de l'impunité. En admettant qu'une action dirigée contre la petite société eût triomphé, le capital de cette société était juste suffisant pour opérer le versement légal sur les actions souscrites par elle ; elle était insolvable. Quant à ses fondateurs, la facilité qu'ils avaient de se retrancher derrière un être moral, aggravait, jusqu'à la rendre le plus souvent impossible, la preuve à fournir pour le succès de l'action en dommages-intérêts (1).

A côté de ces procédés, il en n'existait d'autres ; mais, en dépit de leur subtilité, on parvenait presque toujours à les condamner en se fondant sur le texte de la loi.

C'était la publication dans les journaux et l'envoi à domicile d'un document rédigé de manière à atteindre le même but que le prospectus. Il annonçait la création de la société, donnait sur elle certains renseignements avantageux et indiquait que les actions étaient disponibles sans toutefois les offrir formellement en souscription.

C'était encore l'expédition de circulaires avec la mention « provisoire », ou « épreuve sujette à révision », ou « confidentiel ».

L'influence des prescriptions de l'act de 1900 que nous avons analysées sur la désuétude du prospectus a été dite et écrite partout. Elle est certaine. Mais peut-être n'a-t-on pas accordé une suffisante attention à d'autres causes qui ont concouru à ce résultat. Il en est cependant de très notables.

Tout d'abord, le chiffre des sociétés incorporées a baissé et il est naturel que le nombre des prospectus

1. V. *infra*, 89 sq.

s'en soit ressenti. En 1896, 4.291 sociétés avaient été incorporées ; en 1905 le chiffre des sociétés incorporées n'est que de 3.967 après être tombé à 3.132 en 1901.

C'est que beaucoup de sociétés se sont constituées à l'étranger. Nous avons noté que la répugnance des promoteurs à émettre un prospectus conforme à la loi avait favorisé cette émigration. Mais les conséquences tirées de dispositions de l'act de 1900 sans rapports avec le prospectus et certaines décisions de la jurisprudence en matière fiscale ont exercé une action plus efficace sur ce mouvement.

L'act de 1900, en effet, de l'opinion des personnes les plus compétentes, interdisait à l'apporteur de payer une commission aux underwriters sur le prix de ses apports ; il entravait ainsi une pratique longtemps suivie. On déduisait encore de l'act de 1900 qu'il n'était pas licite de donner aux underwriters pour prix de leurs services une option sur une certaine quantité d'actions de la société (cette interprétation a été, il est vrai, finalement réfutée par la Chambre des Lords). Enfin, l'act de 1900 s'opposait au paiement d'une commission dans l'hypothèse de la reconstitution d'une société.

D'autre part, les tribunaux avaient décidé que l'*Income tax* était due par toute société incorporée ou même administrée en Angleterre et ayant des exploitations à l'étranger sur la totalité de ses bénéfices.

Surtout, c'est la cause la plus générale, le capital placé dans les sociétés s'est considérablement réduit. Les sociétés incorporées en 1896 représentaient un capital global de liv. st. 285.261.077. Les sociétés incorporées en 1905 ne représentent qu'un capital de liv. st. 108.655.043 et en 1904 le capital des sociétés incorporées était descendu à liv. st. 83.914.688, le chiffre le plus bas pendant la période décennale (1).

La réduction s'est opérée nettement aux dépens des sociétés dont le capital dépasse liv. st. 20.000, c'est-à-dire des sociétés à gros capital. Or il est facile de former les petites sociétés avec l'aide d'un cercle d'amis, sans s'adresser au public, par conséquent sans émettre de prospectus.

Il serait spécieux de retourner l'argument et de dire que si le nombre des sociétés à petit capital a peu baissé, c'est précisément parce que ces sociétés peuvent se constituer sans prospectus et que le phénomène est une conséquence directe de la réglementation du prospectus dans l'act de 1900. En effet, la diminution du nombre des sociétés à capital important a une origine économique : l'amoindrissement des disponibilités financières du pays à la suite des grands emprunts publics contractés en 1899 et 1900 pour faire face aux dépenses de la guerre du Transvaal.

1. Les statistiques sont empruntées au Report of the Company Law Amendment Committee [1906].

Les sociétés à gros capital s'adressent à la petite épargne. Lorsque celle-ci n'a pas d'argent à placer, il ne se crée que des affaires plus modestes. Là s'emploient les sommes qu'un public restreint prélève en tout temps sur ses gains ou ses revenus pour les consacrer à la spéculation.

Ou encore ce sont des fonds de commerce ou des entreprises industrielles qui se transforment en sociétés, soit que les intéressés aient voulu recourir à un moyen commode de liquider leurs parts respectives dans l'affaire, soient qu'ils aient cédé à l'instinct moderne, chaque jour en progrès, de limiter leur responsabilité.

LE STATEMENT IN LIEU OF PROSPECTUS

Dès 1895, le *Council of the Institute of Secretaries*, consulté sur les réformes à apporter à la législation des sociétés, avait proposé que le dépôt d'un prospectus chez le *Registrar of Joint Stock Companies* fût rendu obligatoire pour toutes les sociétés.

En 1899, Mr. Lawson Walton, au cours de la discussion du projet d'où sortit l'act de 1900, déposa devant le *Standing Committee*, puis devant le Parlement un amendement analogue à la proposition du *Council of the Institute of Secretaries*.

L'amendement fut repoussé.

Obliger au dépôt d'un prospectus les sociétés « privées » c'est-à-dire les sociétés qui ne s'adressent pas au public pour le placement de leur titres, était considéré comme une rigueur inutile.

D'autre part, disait-on, si des sociétés font appel au public sans émettre de prospectus, ces sociétés qui « cherchent l'ombre » seront défavorablement accueillies par les souscripteurs (1).

Nous avons montré combien cet optimisme a été déçu. Depuis 1901, les promoteurs ont inventé toutes sortes d'expédients pour éviter l'émission d'un prospectus et un grand nombre de sociétés ont réussi à écouler leurs titres dans le public, bien qu'elles n'aient pas émis de prospectus.

Aussi l'idée, précédemment négligée, de rendre le prospectus obligatoire a-t-elle été mise à profit dans l'act de 1907. Cet act oblige toute société qui n'émet pas de prospectus à déposer chez le *Registrar of Joint Stock Companies*, avant la répartition des actions ou des obligations, un *statement in lieu of prospectus*, Ce document contient les mêmes renseignements qu'un prospectus (2). Toutefois, l'acte d'association, que le *Registrar* possède déjà, n'y est pas nécessairement

1. Ces renseignements historiques sont empruntés à l'ouvrage de M. A. Bayart: *Le Prospectus et son rôle dans la législation anglaise des sociétés par actions.* A Rousseau [1903], 29 sq.

2. Nous renvoyons donc au commentaire que nous avons fait du prospectus dans le chapitre précédent. Dans les pages qui suivent

reproduit. Le *statement* est signé par les administrateurs et déclaré conforme à la loi par le secrétaire et l'un des administrateurs ou le solicitor de la société.

On a tenu compte toutefois de l'objection jadis soulevée en faveur des sociétés privées. Celles-ci sont exceptées. Mais le législateur n'a pas voulu que la question de savoir si une société est ou non une société privée fût une question de fait, abandonnée à l'appréciation des tribunaux. L'incertitude sur ce point eût encouragé de nombreux écarts et suscité de longs procès.

La société privée a été précisément définie : c'est une société qui :

1° Restreint le libre transfert de ses actions ;

2° Limite le nombre de ses membres à cinquante ;

3° Prohibe toute invitation au public pour la souscription d'actions ou d'obligations.

L'act de 1907 n'est en vigueur que depuis quelques jours. Il est donc malaisé de porter un jugement sur l'institution du *statement in lieu of prospectus* Cependant, son efficacité est déjà mise en doute.

On fait observer que le *statement in lieu of prospectus* peut être déposé à tout moment avant la répartition des titres et l'on craint que les promoteurs ne profitent de cette liberté pour effectuer le dépôt le

nous avons raisonné sur l'exemple d'un prospectus, mais nos observations s'appliquent aussi d'une manière générale au *statement in lieu of prospectus*.

plus tôt possible, en même temps que le dépôt de l'acte d'association ou immédiatement après, c'est-à-dire à une époque où les réponses à un grand nombre des questions que la loi pose à la société sont encore inconnues (1).

D'autre part, on rappelle qu'il existe pour toutes les sociétés anglaises un seul bureau de *Registrar*, situé à Londres. De même il n'existe qu'un seul bureau à Édimbourg et à Dublin pour toutes les sociétés écossaises et irlandaises. Les souscripteurs feront-ils le voyage de leur province à la capitale pour examiner le *statement in lieu of prospectus* ? Bien plus, les souscripteurs qui habitent la ville même où se trouve le bureau du *Registrar* prendront-ils la peine d'aller consulter le *statement in lieu of prospectus* ?

1. F. Gore-Browne and William Jordan, *op. cit.*, 84 et 85.

DEUXIÈME PARTIE

SANCTIONS DES IRRÉGULARITÉS
DU PROSPECTUS

ÉTUDE DES TEXTES LÉGISLATIFS
ET DE LA JURISPRUDENCE

I

L'action en rescision

Pour qu'un actionnaire puisse fonder sur le prospectus une demande en rescision du contrat de souscription, il est nécessaire que cinq conditions soient réunies.

Il faut :

1° Que le prospectus contienne une inexactitude ;

2° Que l'inexactitude se rapporte à un fait important ;

3° Qu'elle ait déterminé l'actionnaire à souscrire ;

4° Qu'elle émane de la société ;

5° Que l'actionnaire introduise sa demande en rescision dans un délai raisonnable et en tous cas avant que la société soit en liquidation.

Nous étudierons successivement ces cinq conditions.

Et d'abord, quels caractères doit présenter une inexactitude pour servir de base à l'action en rescision ?

La simple exagération dans le prospectus des avantages qui récompenseront le souscripteur de s'être associé à l'entreprise ne légitimerait pas l'exercice de l'action. Ceci n'est pas contraire au principe que la rédaction du prospectus doit être telle que le lecteur se trouve à l'égard des promoteurs dans une position d'absolue égalité. Si les promoteurs sont eux-mêmes éblouis par l'excellence de l'affaire, n'est-il pas naturel que leur enthousiasme colore avantageusement la description qu'ils en font ? S'ils sont de sang-froid, si même ils ont conscience d'offrir une affaire médiocre ou d'avance condamnée à l'insuccès, le public ne sait-il pas que tout vendeur vante sa marchandise, qu'il faut fermer l'oreille aux commentaires et ne considérer que l'objet ?

Les promoteurs peuvent donc nuancer le prospectus à leur gré. Mais le prospectus ne doit contenir aucune atteinte matérielle à la vérité.

Affirmer ce qui est faux, c'est l'exemple type de l'inexactitude qui ébranle le contrat de souscription.

L'inexactitude n'apparaît pas toujours aussi nette :
elle n'en est pas plus licite. Si, au moyen d'un artifice de composition, le prospectus fausse le jugement
du souscripteur, alors même que chaque phrase,
chaque mot interprétés séparément ne révèlent rien
de contraire à la vérité, celui-ci a le droit d'intenter
l'action en rescision. Il faut que de l'ensemble du
prospectus naisse une impression sincère.

Le prospectus doit encore éviter toute équivoque,
car le souscripteur, s'il peut soutenir avec vraisem-
blance qu'il a attribué à un passage du prospectus un
sens démenti par les faits, triomphera dans sa demande en rescision.

Enfin l'omission est assimilée à l'inexactitude toutes les fois que le fait omis, s'il était connu du souscripteur, fausserait le sens de ce qui lui a été com-
muniqué. Un prospectus signalant que la société a
obtenu des commandes sans ajouter que ces commandes n'ont été faites qu'à titre d'essai (1), un prospectus
citant les parties favorables d'un rapport d'expert
mais passant sous silence d'autres parties du même
rapport qui réduisent la valeur des premières (2),
autorisent l'exercice de l'action en rescision.

Mais l'inexactitude ne confère l'action en rescision
que si elle se rapporte à un fait important. Il faut

1 Greenwood v. Leathershod Wheel Co [1900], 1 Ch. 421.

2. Arkwright v. Newbold [1881], 44 L. T. 393.

qu'elle soit suffisante pour influer sur la décision d'un homme raisonnable, considéré *in abstracto*. Les tribunaux ont accordé l'action en rescision dans les espèces suivantes (1) : le prospectus annonçait que plus de la moitié des actions offertes en souscription était déjà souscrite, mais les souscriptions étaient fictives (2) ; il déclarait faussement que le dernier bilan accusait un excédent d'actif de plus de liv. st. 10.000 (3) ; il affirmait qu'une mine était en pleine exploitation et donnait un rendement quotidien important alors qu'en réalité elle était improductive et sans valeur (4) ; il représentait que tel article breveté était déjà répandu dans le commerce, tandis que l'on était encore dans la période d'essai (5) ; un promoteur était faussement qualifié co-apporteur à seule fin de toucher un pot-de-vin sur le prix (6) ; le prospectus, contrairement à la vérité, disait que l'apporteur prenait à sa charge toutes les dépenses préliminaires (7) : que la société était l'unique fabricant d'asbestos en France et possédait un monopole de

1. Citées p. Palmer.

2. Ross v. Estates Investment Co [1866], 19 L. T. 61. — Kent v. Freehold Land Co [1868], 3 Ch. 493. — Henderson v. Lacon [1867], 17 L. T. 527. — Alderson v. Smith, 41 C. D. 348.

3. Re London et Staffordshire Co [1883], 24 Ch. D. 149.

4. Reese River Silver Mining Co v. Smith [1870]. L. R. 4 H. L. 64.

5. Greenwood v. Leather Shod Wheel Co [1900], 1 Ch. 421.

6. Capel v. Sim's Ships Compositions Co [1888], 58 L. T. 807.

7. Re Liberian Government Concessions, 9 T. L. R. 136.

fait (1) ; que l'exploitation commerciale de la société était florissante (2) ; que les promoteurs ne recevaient aucune rémunération (3) ; que les apporteurs de champs de nitrate avaient assuré une suffisante adduction d'eau (4) ; que telle personne avait accepté les fonctions d'administrateur (5) ; le prospectus, en ne citant que certaines parties d'un rapport d'expert conduisait à penser que la mine offerte au public était de même qualité qu'une mine voisine réputée par sa richesse, alors que la connaissance du rapport entier eût donné au lecteur une opinion moins favorable (6) ; le prospectus produisait le chiffre des actions déjà souscrites et il s'agissait d'actions entièrement libérées autrement qu'en espèces (7) ; la société négociait une acquisition, le prospectus laissait croire qu'elle était consommée (8).

L'inexactitude doit se rapporter à un fait (9). Le

1. Hyde v. New Asbestos Co, 8 T. L. R. 121.

2. Stirling v. Passburg Grains, 8 T. L. R. 71.

3. Lodwick v. Earl of Perth, 1 T. L. R. 76.

4. Lagunas Nitrate Co v. Lagunas Nitrate Syndicate [1899], 2 Ch. 392

5. Scottish Petroleum Co [1883], 49 L. T. 348. — Anderson's Case [1881], 17 Ch. D. 373. — Smith v. Chadwick [1881], 46 L. T. 702. — Wainwright's Case, 62 L. T. 30.

6. Re Mount Morgan Co, 56 L. T. 622.

7. Arnison v. Smith [1889], 61 L. T. 63.

8. Ross. v. Estates Investment Co [1866], 19 L. T. 61.

9. Eaglesfield v. Marquis of Londonderry [1877], 4 C. D. 693.

faux exposé d'une question de droit ne permettrait pas d'exercer l'action en rescision.

Le souscripteur n'obtiendra pas non plus l'annulation du contrat si le prospectus annonçait, sans fixer de date, que la société ferait telle ou telle chose (1).

Mais si les auteurs du prospectus y affectent des opinions qu'ils n'ont pas, s'ils y expriment des espérances qu'ils savent irréalisables, l'action en rescision est ouverte car « l'état d'esprit d'un homme est aussi bien un fait que l'état de sa digestion (2) ».

Il suffit que l'inexactitude ait été l'une des causes de la souscription, il n'est pas nécessaire qu'elle ait été la seule. Mais quand l'inexactitude n'a pas eu d'influence sur la décision du souscripteur, quand il a su la vérité, l'action en rescision lui est refusée.

La preuve que le demandeur en rescision n'a pas été trompé est en général difficile à administrer. Elle résulte parfois des circonstances. Ainsi jugé dans une espèce où un actionnaire d'une société minière, à qui un rapport erroné avait été soumis, n'avait souscrit qu'après s'être rendu sur la mine et l'avoir lui-même inspectée. La preuve incombe au défendeur. Le

1. Beattie v. Ebury [1874], 7 Ch. 777. — Alderson v. Maddison, 49 L. T. 303. — Bellairs v. Tucker [1884], 13 Q. B. D. 562.

2. Edgington v. Fitzmaurice [1885], 53 L. T. 369 ; Per Bowen L. J.

demandeur est autorisé à accepter pour vrais tous les renseignements contenus dans le prospectus. Il est présumé les avoir crus.

La jurisprudence condamne la manœuvre qui consiste, après avoir inséré dans le prospectus des indications fausses ou équivoques sur les contrats, à ajouter que ces mêmes contrats sont à la disposition du public chez le solicitor ou au siège de la société: « On a soutenu en faveur de la société, que comme il est fait vers la fin du prospectus une allusion générale aux contrats d'acquisition de la concession, le souscripteur est censé connaître la teneur de ces contrats. Il me semble que c'est un des arguments les plus audacieux qui aient jamais été osés en réponse à une accusation de dol. A l'analyse, il signifie simplement qu'une personne qui a déterminé une autre personne à agir au moyen d'indications dolosives, doit être déchargée des conséquences de son dol, si elle a avisé sa victime de l'existence d'un document dont la lecture amènerait la découverte du dol (1). » .

On peut concevoir un prospectus rédigé et mis en circulation par des personnes qui, bien qu'étrangères à la société, ont intérêt à la bonne tenue des actions. Un groupe de banquiers, par exemple, sous-

1. Aaron's Reef v. Twiss [1896], 74 L. T. 794, Per Watson L. J.

crit une certaine partie du capital, et, afin de l'écouler profitablement, adresse à sa clientèle un prospectus. Ce prospectus contient une ou plusieurs inexactitudes. Des achats se produisent. L'action en rescision ne peut pas être intentée contre la société, car celle-ci n'a pas été partie aux contrats passés entre les acheteurs et le groupe de banquiers. Les inexactitudes n'émanent pas d'elle.

Pour que la société puisse être actionnée, il faut d'après la jurisprudence (1) :

1° Que l'inexactitude provienne de ses administrateurs ou d'agents investis de pouvoirs généraux ;

2° Ou d'un agent de la société muni de pouvoirs spéciaux et agissant dans la limite de ses pouvoirs. Si l'agent a excédé ses pouvoirs mais que la société ait ratifié ses actes, l'action en rescision dirigée contre elle est recevable ;

3° Ou que les administrateurs aient connu l'inexactitude avant la conclusion du contrat ;

4° Ou que le contrat ait été passé à la connaissance de la société ou de ses représentants sur la foi d'allégations dont une ou plusieurs est ensuite reconnue fausse.

L'application de ces principes a pour conséquence qu'une société qui adopte un prospectus inexact, com-

1. Lynde v. Anglo Italian Hemp. Co [1896], 1 Ch. 178, analysé, p. F. Gore-Browne and William Jordan, *op. cit.*, 102.

posé par les promoteurs avant l'incorporation, est
exposée à des demandes en rescision (1).

Il est curieux de noter que les règles sur l'acquisition de la personnalité morale s'opposent à l'exercice
de l'action en rescision par les signataires de l'acte
d'association. C'est en effet seulement après qu'ils ont
souscrit que la société a pu juridiquement commettre
une inexactitude (2).

Quelle que soit la gravité de l'inexactitude, l'action
en rescision sera repoussée si le souscripteur ne l'intente pas dans un délai raisonnable et cela pour deux
motifs. D'abord il serait injuste que le souscripteur
eût le droit d'épier en silence la marche de la société,
de conserver ses actions si l'entreprise est prospère,
de s'en défaire si la ruine s'annonce (3). Puis, le nom
de chaque souscripteur est une manière de réclame
qui procure à la société de nouvelles souscriptions
et l'on ne saurait admettre qu'un souscripteur puisse
préserver ses propres droits au détriment des droits
des tiers (4).

Le point de départ du délai, c'est la découverte de

1. Karberg's Case [1892], 3 Ch 1; Tamplin's Case [1892], W. N. 146.

2. Lord Lurgan's Case [1902], 1 Ch. 707.

3. Downes v. Ship [1868], L. R. 3 H. L. 343 ; Houldsworth v. City
of Glasgow Bank [1880], 5 App. Ca. 317.

4. Ashley's Case, 22 L. T. 83. — Sholey v. Central Railway Co of Venezuela, 2. Eq. 266 n.

l'inexactitude. Mais le délai peut commencer à courir sans que le souscripteur possède une preuve irréfutable de la fausseté de l'allégation. Un souscripteur qui apprend d'un tiers l'existence d'une inexactitude dans le prospectus, reste inactif et ne se soucie pas de contrôler le fait, échouera dans sa demande en rescision.

Que faut-il entendre par un délai raisonnable ? Tout dépend des circonstances. Cependant, s'il veut triompher, le demandeur en rescision doit en principe intenter l'action aussitôt qu'il a connaissance de l'inexactitude. Un délai de quinze jours peut parfois entraîner la forclusion (1). S'il faut faire des recherches, des enquêtes pour se convaincre de l'inexactitude du prospectus, un délai même beaucoup plus long ne nuira pas aux droits du souscripteur (2).

En tous cas, l'action en rescision doit être intentée avant que la société entre en liquidation volontaire ou judiciaire, avant même qu'elle ait rendu publique sa cessation de paiements. Cette règle résulte avec certitude d'un grand nombre d'arrêts (3). Mais on n'en aperçoit nulle part aussi bien les motifs et la généralité que dans la décision suivante (4).

1. Per Cairns L. J. Re Cachor Co. L. R. 2 Ch. 417.

2. Scottish Petroleum Co [1883], 49 L. T. 348.

3. Tennent v. Glasgow Bank [1879], 4 App. Ca 615. — Stone v. City and County Bank [1878], 3 C. P. D. 282. — Oakes v. Turquand [1867], L. R. 2 H. L. 325. — Scottish Petroleum Co, *ibid.*

4. Burgess's Case [1880], 15 Ch. D. 507.

B... avait souscrit 50 actions de la Hull et County Bank, le 17 septembre 1878. Le 19, il recevait l'avis que ces actions lui avaient été attribuées. Le 26, il découvrait des inexactitudes dans le prospectus et le 27 il écrivait au secrétaire de la société en lui demandant d'annuler sa souscription. Le secrétaire répondit qu'il était trop tard.

B... aurait dû se renseigner et intenter l'action en rescision. Il aurait eu certainement gain de cause ; le jugement le constate. Mais il n'en fit rien. Il se borna à refuser de faire un versement quelconque sur ses actions. Puis, comme la société ne l'inquiétait pas, il se désintéressa tout à fait de sa souscription. A aucun moment, il ne se comporta en actionnaire.

Bientôt la société entra en liquidation et les liquidateurs poursuivirent B... en paiement d'appels de fonds. Reconventionnellement, B... demanda la rescision du contrat de souscription.

La société possédait un actif suffisant pour payer ses créanciers et les frais de la liquidation. B..., s'appuyant sur ce fait, soutint qu'il n'y avait donc pas de raison légitime d'exiger de lui aucun paiement.

Nous détachons du jugement ces passages caractéristiques :

La section 38 de l'act de 1862 (1) doit être interprétée littéralement.

---

1. Quand une société constituée selon le présent act entre en liquidation, tout membre actuel et tout ancien membre devront contribuer

La liquidation modifie les droits des parties. « Avant
« la liquidation, le créancier n'a aucun droit envers
« un actionnaire pris individuellement. Il a les yeux
« fixés sur la société, et, si celle-ci fonctionne d'une
« façon normale, il la considérera comme solvable.
« Mais après la liquidation, la société, bien que techni-
« quement elle ne cesse pas d'exister à tous les points
« de vue, cesse d'exister au point de vue suivant :
« les dettes cessent d'être les dettes de la société,
« sauf jusqu'à concurrence de l'actif réalisé, qui,
« d'après la section 38, doit être employé à l'extinc-
« tion du passif; elles deviennent les dettes des action-
« naires.... Les autres actionnaires sont aussi inno-

à l'actif de la société dans une proportion suffisante au paiement du
passif, des frais, charges et dépenses de la liquidation et des sommes
nécessaires à l'ajustement des droits des contributeurs. Toutefois :

1° Aucun ancien membre ne sera tenu de contribuer à l'actif de la
société s'il a cessé d'être membre depuis un an ou plus à dater de l'ouverture de la liquidation ;

2° Aucun ancien membre ne sera tenu de contribuer au paiement
de dettes de la société contractées depuis l'époque où il a cessé d'être
membre ;

3° Aucun ancien membre ne sera tenu de contribuer à l'actif de la
société à moins que la Cour ne constate que les membres actuels sont
incapables de satisfaire aux contributions exigées d'eux en conformité
du présent act ;

4° Dans l'hypothèse d'une société par actions limited, aucune contribution ne sera exigée d'un membre quelconque au delà du montant
non libéré des actions à raison desquelles il est tenu en qualité de
membre actuel ou d'ancien membre.....

« cents du dol que le demandeur en rescision.... Ils
« en ont souffert de la même manière. Aussi, comme
« parties innocentes, acquièrent-ils en vertu de la
« section 38 des droits dont le demandeur en resci-
« sion cherche à les priver.

« Il est vrai que dans *Oakes* v. *Turquand,* les seu-
« les personnes dont les droits furent l'objet d'une
« décision étaient des créanciers. Mais il n'y avait
« pas lieu de sauvegarder les droits d'autres person-
« nes également innocentes car les fonds manquaient
« pour payer les créanciers. Ici l'on vient dire que
« l'actif de la société étant suffisant pour désintéres-
« ser les créanciers intégralement et ceux-ci ayant
« été payés ou munis de garanties on n'a pas à se
« préoccuper du reste. Mais, comme je l'ai dit plus
« haut, les contributeurs sont eux aussi des innocents ;
« ils ont acquis des droits et je ne vois pas pourquoi
« ils seraient négligés....

« Achevant de tirer les conséquences logiques de
« la théorie du demandeur en rescision, elle abouti-
« rait à ceci : si vous avez libéré vos actions on vous
« accorde la rescision ; c'est vous reconnaître le droit
« d'être remboursé. Or, si votre argent a été employé
« au paiement des créanciers et que d'autres contri-
« buteurs également innocents n'aient pas libéré leurs
« actions, vous pourriez réclamer le remboursement
« de ce que vous avez versé et l'obtenir au moyen
« d'un appel de fonds adressé aux autres contribu-

« teurs. Cela ne serait évidemment pas assurer l'ajus-
« tement des droits des contributeurs ».....

Bien que la plupart des instances en rescision
révèlent un dol de la société, ni la preuve, ni même
l'existence d'un dol ne sont nécessaires au succès de
l'action (1).

L'inexactitude suffit, qu'elle ait été volontaire ou
non. La jurisprudence en a logiquement déduit que
si un fait est vrai lorsqu'il est rapporté dans le prospectus, mais cesse de l'être avant la répartition des
actions, l'action en rescision est fondée (2). Ainsi jugé
dans une espèce où une personne que le prospectus
désignait comme administrateur avait démissionné
avant la répartition des actions. Bien plus, ainsi jugé
très récemment dans une espèce où les administrateurs, au moment où ils répartissaient les actions, sa-
vaient qu'un des leurs, dont la démission n'était pas
encore officielle, était sur le point de démissionner (3).

Quand un souscripteur triomphe dans l'action en
rescision, le contrat de souscription est réputé nul
ab initio. Le nom du souscripteur est rayé du registre des membres et les sommes que le souscripteur

1. Redgrave v. Hurd [1882], 20 Ch. D. 1. — Karberg's. Case [1892],
3 Ch. 1. — Lagunas Nitrate Co v. Lagunas Syndicate [1899], 2 Ch. 392.
2. Anderson's Case [1881], 17 Ch. D. 373. — Scottish Petroleum Co
[1883], 49 L. T. 348.
3. Kent County Gas Co [1907], 95 L. T. 756.

a payées lui sont remboursées (1) avec les intérêts
au taux de 4 0/0 (2).

On a coutume de dire que l'action en rescision
aboutit à la *restitutio in integrum*. L'extrait suivant
d'un arrêt définit bien la portée de cette règle. « Il
me semble que lorsqu'on est en présence d'une
inexactitude... le principe que le demandeur en rescision doit être replacé dans le *statu quo* s'interprète
avec cette limitation : il ne doit pas être rétabli dans
sa situation antérieure à tous égards, mais seulement en ce qui concerne les droits et obligations nés
du contrat (3). »

Selon le droit commun, quand une personne possède l'action en rescision, elle a le choix d'intenter
cette action ou de ratifier le contrat et de réclamer
à l'autre partie des dommages-intérêts égaux à la
perte subie. Le souscripteur est privé d'un tel choix
et la jurisprudence expose ainsi les motifs de cette
exception (4) :

« Il n'est pas douteux que, d'après la loi anglaise,
« l'acheteur d'un objet mobilier (5) à propos duquel

1. Scottish Petroleum Co [1883], 49 L. T. 348.

2. Karberg's Case [1892], 3 Ch. 1.

3. Newbiggin v. Adam [1886], 34 Ch. D. 582. Per Bowen L. J.

4. Houldsworth v. The Glasgow Bank and Liquidators [1880], 5 App.
Ca. 317. — Voir aussi The Western Bank of Scotland v. Addie L. R.
1 H. of L. Sc. 145 et Addlestone Linoleum Co [1887]. 57 L. T. Ch. 249.

5. Tout ce qui suit s'appliquerait aussi bien à l'acquisition d'un
immeuble.

« le vendeur a émis une inexactitude dolosive, peut,
« lorsqu'il découvre le dol, conserver l'objet et de-
« mander des dommages-intérêts à concurrence de
« la perte subie... Mais la même règle s'applique-
« t-elle aux actions ou au « *stock* »... d'une société ?
« Nous avons l'habitude de traiter la vente d'actions
« comme si l'objet vendu était un meuble quelcon-
« que ; il n'en est certainement pas ainsi. Le contrat
« qui se forme est un contrat aux termes duquel
« l'acheteur accepte d'entrer dans une société déjà
« constituée et en marche. Il n'a pas acheté un objet
« mobilier ou un autre objet quelconque ; il s'est
« fondu dans une société à l'actif de laquelle il s'est
« engagé de contribuer et il a consenti à ce que cet
« actif, y compris sa contribution, soit employé d'une
« certaine façon et non d'une autre. La règle qui
« dans le cas d'un objet mobilier quelconque auto-
« rise une action en dommages-intérêts, s'étend-elle
« à l'hypothèse d'un contrat de société ?... Pour ré-
« pondre à cette question, il peut être utile d'obser-
« ver que, bien que dans le dernier quart de siècle
« des actions de toute nature aient été exercées... à
« propos d'opérations, prétendues dolosives, sur des
« actions, on ne pourrait citer... aucun exemple d'une
« action en dommages-intérêts introduite par un
« demandeur qui eût conservé sa situation d'action-
« naire dans la société. Mais je veux prier Messieurs
« les Lords de considérer la question du point de

« vue des principes. Une personne achète d'une
« société de banque des actions ou du « *stock* » dans
« une proportion qui lui assure par exemple la pro-
« priété d'un centième du capital de la société. Il
« contracte sur l'affirmation que le passif de la société
« est de liv. st. 100.000. Le contrat considéré dans les
« rapports entre l'acheteur et ses associés consiste en
« ceci : l'acheteur aura droit à un centième de l'ac-
« tif social ; cet actif sera employé à faire face aux
« dettes de la société au moment où l'acheteur y
« entre, quel qu'en soit le chiffre et à celles qui se-
« ront contractées dans l'avenir. Si l'actif est insuf-
« fisant, les insuffisances seront supportées par les
« actionnaires proportionnellement à leur part dans
« le capital de la société (1). Tel est le contrat, le seul
« contrat passé entre l'acheteur et ses associés et c'est
« seulement à raison des obligations qu'il a assumées
« et des obligations corrélatives de ses associés que
« l'acheteur ou ses associés peuvent être poursuivis
« en responsabilité. Il est clair que dans le passif
« auquel l'actif de la société et les contributions
« des actionnaires sont ainsi destinés par le pacte
« social, une demande dirigée contre la société, c'est-
« à-dire contre ce même actif et ces mêmes contri-
« butions, en paiement au nouvel associé de domma-
« ges-intérêts pour un dol commis à son égard par la

---

1. Il s'agissait d'une société à responsabilité illimitée.

« société..... ne saurait être comprise. Toute demande
« de ce genre s'adressant à l'actif et aux contribu-
« tions, ne s'accorderait pas avec le contrat passé
« par le nouvel associé mais au contraire s'en écar-
« terait.

    « Cependant, le nouvel associé, après avoir acquis
« cette qualité, découvre que le passif atteint non pas
« liv. st. 100.000 mais liv. st. 500.000. J'admets que
« là-dessus il a le droit d'exiger la rescision du con-
« trat, de quitter la société et d'être remboursé de ce
« qu'il a payé.... Mais il préfère rester dans la so-
« ciété et ratifier le contrat, c'est-à-dire l'acte par
« lequel il a consenti à ce que l'actif social fût em-
« ployé au paiement des dettes passées. Puis il
« intente une action contre la société à l'effet de re-
« couvrer sur cet actif la somme de liv. st. 4.000,
« c'est-à-dire l'excédent de ce qu'aurait été sa con-
« tribution si le passif avait été réellement tel qu'on
« le lui avait représenté.

    « S'il triomphait dans son action, ces liv. st. 4.000
« seraient payées à l'aide de l'actif de la société et des
« contributions. Mais aux termes de son contrat qui
« demeure, il s'est engagé à ce que l'actif et les con-
« tributions fussent employés au paiement des dettes
« de la société au rang desquelles il est impossible
« d'admettre ces liv. st. 4000. Par suite il introduit
« une demande incompatible avec le contrat qu'il a
« passé.... En d'autres termes et au moins en sub-

« stance sinon dans la forme, il approuve et réprouve
« simultanément. »

Si le demandeur en rescision a reçu des dividendes, ceux-ci, augmentés d'un intérêt raisonnable, se
compensent avec sa créance (1) qui comprend les ver-
sements opérés en vue de la libération des actions et
les frais de l'instance.

Le contrat de souscription conclu sur la foi d'une
inexactitude n'est pas nul. Il est annulable et par
suite susceptible de ratification.

Que la ratification soit expresse ou tacite, le souscripteur perd l'action en rescision. Si après avoir eu
connaissance de l'inexactitude et au lieu d'exercer
l'action en rescision, le souscripteur essaie de ven-
dre ses actions (2), s'il les vend (3), s'il répond aux
appels de fonds ou touche des dividendes (4), s'il va
et vote aux assemblées générales ou s'il s'y fait re-
présenter (5) il est censé ratifier le contrat. Il ne lui
servirait de rien de prétendre qu'il s'est trompé sur
l'étendue de ses droits (6).

1. Kent v. Freehold Land et Brickmaking Co [1868] 3 Ch. 493.

2. Briggs 1 Eq. 483.

3. Crawley's Case [1869], 4 Ch. 322.

4. Scholey v. Central Railway Co of Venezuela, 2 Eq. 266 n, Re Dunlop-Truffault Cycle Co [1897], 75. L. T. 385.

5. Sharpley v. Louth, etc. Co, 2 C. D. 663.

6. Re Dunlop-Truffault Cycle Co, *ibid*.

L'action en rescision est une des faces du droit commun des contrats.

La jurisprudence l'a adaptée au contrat de souscription. Mais quelle place occupe-t-elle dans les textes législatifs qui gouvernent les sociétés par actions ?

Elle n'y est nulle part réglementée. Son nom même ne s'y rencontre pas.

Toutefois elle est contenue implicitement dans la section 35 de l'act de 1862, qui reconnaît à la Cour le droit d'ordonner la radiation du registre des actionnaires des noms qui y ont été inscrits sans cause suffisante.

On a soutenu que l'action en rescision résultait aussi de la section 38 de l'act de 1867 dont nous avons cité le texte au début de cette étude (1). Voici les arguments qui étayaient cette doctrine (2) :

1° La section 38 ne donne aucune action expressément. Pourquoi conclure qu'elle n'autorise que l'action en dommages-intérêts contre l'auteur d'un dol et qu'elle refuse l'action en rescision contre la société?

2° Les partisans de l'opinion opposée professent que les mots : « de la part des promoteurs, administrateurs, etc. », signifient en réalité : « dans les rapports entre les promoteurs, administrateurs, etc... et le

1. V. *supra*, 11.
2. Gover's Case [1876], 20 Eq. 144, Per Brett L. J.

souscripteur » ou encore « à la charge des promoteurs, administrateurs, etc. ». C'est altérer le texte. En niant que la section 38 accorde l'action en rescision, on arrive à cette étrange fin que les promoteurs, administrateurs, etc., sont responsables à raison d'un contrat passé au nom et dans l'intérêt de la société.

3° La section 38 a évidemment le but de protéger des souscripteurs abusés. Par sa nature, elle est donc faite pour être appliquée surtout par les Cours d'*Equity*. Or on voudrait n'en tirer qu'une action dont connaissent seules les Cours de *Common Law*.

4° On essaie de légitimer le refus de l'action en rescision en arguant de la mauvaise situation où elle réduirait les créanciers. Mais de quel droit un souscripteur abusé serait-il sacrifié aux créanciers ?

L'opinion contraire a aujourd'hui rallié l'unanimité de la jurisprudence. Elle est appuyée sur les raisons suivantes :

1° L'esprit de la section 38 s'oppose à ce qu'elle puisse servir de base à l'action en rescision.

2° Les mots : « de la part des promoteurs, administrateurs, etc... » signifient véritablement : « dans les rapports entre les promoteurs, administrateurs, etc., et le souscripteur », ou encore « à la charge des promoteurs, administrateurs, etc. ».

3° Il est vrai qu'en règle générale, le mandant ne saurait se prévaloir du contrat que le mandataire lui a procuré par dol ; mais la section 38 ne dit pas que le contrat sera considéré comme dolosif de la part de la société et cette section doit être interprétée strictement.

4° Accorder l'action en rescision, serait permettre au souscripteur de s'affranchir, au détriment des créanciers, de toute responsabilité à raison de ses actions, alors que dans un grand nombre de circonstances l'omission lui a si peu préjudicié, que, s'il intentait l'action en dommages-intérêts, il n'obtiendrait que des dommages-intérêts nominaux.

5° L'action en rescision n'est ouverte que si le prospectus contient une inexactitude ou une omission telle qu'elle fausse le sens de ce qui a été exprimé. Pour l'étendre à des cas où l'omission n'a pas ce caractère il faudrait un texte exprès.

Les acts de 1900 et de 1907 ont-ils élargi le domaine de l'action en rescision ? Celle-ci naîtra-t-elle de l'infraction même la plus minime à leurs règles sur le prospectus ?

Une partie de la doctrine l'affirme. L'obligation légale qui pèse sur les auteurs du prospectus d'y dévoiler un certain nombre de faits, serait vaine, dit-elle, si elle n'était pas sanctionnée.

Mais la majorité est d'un avis opposé. D'après elle les acts de 1900 et de 1907 n'ont pas modifié le droit commun et l'omission d'un fait qu'ils demandent aux auteurs du prospectus de révéler, n'expose la société à l'action en rescision que si l'omission est telle qu'elle fausse le sens de ce qui a été exprimé.

Il n'existe pas d'arrêts sur ce point, mais la jurisprudence adoptera sans doute l'opinion la plus répandue.

Souvent, le souscripteur qui découvre dans le prospectus une inexactitude, n'exerce pas l'action en rescision. Il se contente d'opposer un refus aux appels de fonds et de se conduire comme un étranger à l'égard de la société.

Nous avons signalé le danger de cette attitude dans le cas où la société entre en liquidation.

Mais quelle est la situation du souscripteur de qui la société, encore en marche, réclame judiciairement l'acceptation des actions souscrites ou le paiement d'appels de fonds ?

Bien que, d'une manière générale, le souscripteur qui excipe de l'inexactitude soit traité comme s'il s'était servi de l'action en rescision, les tribunaux font ici un large usage de leur pouvoir d'appréciation. Ils ne délient pas toujours le souscripteur qui aurait obtenu gain de cause dans une instance en rescision et ne le condamnent pas toujours dans un cas où il aurait été débouté. La discrétion des tribunaux se manifeste surtout en ce qui concerne les dépenses. Voici un exemple (1) : « ..... Considérant

1. New Brunswick et Co v. Muggeridge [1861], 3 L. T. 651, Per Kindersley V. C.

que le défendeur a fait preuve d'une imprudence évidente en s'engageant dans cette affaire ; qu'il n'a pas protesté contre le contrat de souscription jusqu'au jour où les actions sont tombées ; que, même alors, et jusqu'à l'introduction de la demande, il n'a pas exprimé nettement l'intention de ratifier ou de répudier le contrat ; qu'il a soulevé certains arguments que je ne partage pas, je crois équitable de rejeter la demande sans condamner le demandeur aux dépens. »

II

L'action en dommages-intérêts.

Les conditions d'exercice de l'action en dommages-intérêts ou action de *deceit* sont les suivantes :

1° Il faut que le prospectus contienne une inexactitude ;

2° Que l'inexactitude se rapporte à un fait important ;

3° Qu'elle ait été dolosive ;

4° Qu'elle ait été commise en vue de déterminer le souscripteur à souscrire ;

5° Qu'elle l'ait déterminé à souscrire ;

6° Qu'elle lui ait causé un dommage.

Les deux premières conditions et la cinquième sont communes à l'action en rescision et à l'action en dommages-intérêts. Nous les avons commentées dans le chapitre précédent. Nous n'étudierons donc ici que les autres.

Le dol consiste à énoncer comme vrai un fait que sait inexact ou qu'on ne s'est pas préoccupé de vérifier.

La preuve du dol incombe au demandeur en dommages-intérêts.

La doctrine de la preuve a été bouleversée en 1889 par un arrêt de la Chambre des Lords (1). Voici les faits :

Les défendeurs étaient administrateurs d'une société de tramways. Ils émirent un prospectus dans lequel on lisait que « la société avait le droit de remplacer la traction animale par la traction à vapeur ou par la traction mécanique ». En réalité, l'act d'incorporation subordonnait ce droit à l'autorisation du *Board of Trade*. Le demandeur acquit des actions sur la foi du prospectus. Le *Board of Trade*, sollicité, refusa d'autoriser l'emploi de la traction à vapeur. La société entra en liquidation. En première instance le demandeur fut débouté. Le jugement porte que les motifs fournis par les défendeurs à l'appui de leur assertion ne sont pas assez déraisonnables pour justifier une accusation de dol (2). Les défendeurs avaient soutenu que leurs plans, soumis au *Board of Trade* en vue de l'incorporation, ayant été approuvés par lui, ils en avaient conclu que l'autorisation d'employer la traction à vapeur ou la traction mécanique ne leur serait pas refusée. La Cour d'appel, bien que reconnaissant la bonne foi des administrateurs, réforma

1. Derry v. Peek, [1889] 14 App. Ca. 337.
2. Par Stirling J.

le jugement parce que l'assertion avait été faite inconsidérément et sans motifs raisonnables. La Chambre des Lords, s'en tenant à ce que les administrateurs avaient agi sans dol et de bonne foi, réforma l'arrêt de la Cour d'appel.

L'arrêt de la Chambre des Lords, simple réédition du principe incontesté que seul le dol donne ouverture à l'action de *deceit*, a été, sans raison sérieuse, l'origine de doutes et de difficultés sans fin. Les conclusions de Lord Herschell ont particulièrement contribué à ce résultat. Au lieu de se guider sur cette règle pratique, qu'une énonciation faite sans motif raisonnable de la croire vraie doit être traitée comme dolosive, les juges se sont crus obligés de se livrer à des enquêtes psychologiques, de sonder les retraites les plus profondes de l'esprit humain et de déterminer si le défendeur a été malhonnête avant de décider si son assertion a été dolosive.

Les extraits suivant reflètent cette préoccupation.

« Considérant l'arrêt *Derry* v. *Peek* d'un point de
« vue général, je dis qu'il a clos une fois pour toutes
« la controverse, bien connue par les divergences
« d'opinion qu'elle a suscitées, sur le point de savoir
« si une action à raison d'une inexactitude commise
« par négligence, par opposition à une inexactitude
« dolosive, peut être maintenue ; selon la portée que
« j'accorde à *Derry* v. *Peek*, cet arrêt tranche la
« question en ce sens qu'une action à raison d'une

« inexactitude commise par négligence dans un pros-
« pectus, par opposition à une inexactitude dolosive,
« ne peut pas être maintenue (1)..... Quand on lit
« toute cette partie du jugement [de Lord Hers-
« chell] (2), il ne faut appliquer les observations
« relatives à la preuve du dol qu'après avoir démêlé
« si on est en présence d'un dol ou d'une négligence.
« S'il y a dol, l'action existe ; s'il ne s'agit pas d'un
« dol mais seulement d'une négligence, l'action
« n'existe pas. Les passages se rapportant à la cons-
« cience de l'inexactitude — inexactitude commise
« sciemment et assertion faite sans conviction —
« sont basés sur l'hypothèse que l'effet de l'assertion
« était réellement connu de celui qui l'a émise ; s'il
« est évident qu'il n'a jamais eu l'intention de trom-
« per, qu'il ne s'est pas rendu compte, qu'il n'a pas
« même supposé que ce qu'il disait était de nature
« à égarer et qu'il était absolument inconscient, je
« dis que l'on est en présence d'une preuve de négli-
« gence plutôt que de dol (3)..... Après *Derry* v.
« *Peek*, une telle action ne peut être maintenue sans
« la preuve d'un dol, d'une intention de tromper ;
« il ne suffit pas d'une négligence si grande qu'elle
« soit, à moins qu'elle ait été volontaire, je veux
« dire à moins que le défendeur ait volontairement

1. Angus v. Clifford [1891], 2 Ch. 463, Per Lindley L. J.
2· Derry v. Peek]1889], 14 App. Ca. 374.
3. Angus v. Clifford, *ibid.*, 466.

« fermé les yeux à la vérité, ce qui à vrai dire cons-
« titue un dol (1).

« Il est de jurisprudence constante qu'un homme
« doit être convaincu de ce qu'il dit, car, comme le
« font remarquer Lord Bramwell dans *Smith* v. *Chad-*
« *wick* et Lord Herschell dans *Derry* v. *Peeky*, quand
« un homme affirme qu'il sait une chose, il affirme
« implicitement qu'il la croit ; s'il ne la croit pas,
« son affirmation est fausse. Son affirmation n'est
« pas moins fausse parce qu'elle se rapporte à son
« propre état d'esprit. Un homme peut mentir au
« sujet de son propre état d'esprit, comme il peut
« mentir au sujet du temps ou de sa digestion. Ac-
« quérir une certitude sur l'état d'esprit d'un homme
« à un moment donné implique une enquête diffi-
« cile, compliquée et peut-être ténébreuse ; mais,
« une fois arrivé à cette conclusion que son état d'es-
« prit était, à sa connaissance, différent de celui qu'il
« a décrit, on a la preuve qu'il a menti tout comme
« s'il avait commis une inexactitude dolosive à pro-
« pos de quelque chose d'objectif et de visible pour
« tous les yeux.

« Une grande partie de l'argumentation exprimée
« devant la Cour, s'abrite, il me semble, derrière le
« principe fallacieux que l'on ne peut pas voir dans
« l'esprit d'un homme ». On dit que cela est impos-

1. Angus v. Clifford [1891], 2 Ch. 469.

« sible. Qu'advient-il ? On en déduit que lorsqu'un
« phénomène déterminé se produit, il faut des rè-
« gles immuables pour décider qu'un homme doit
« avoir pensé ceci ou cela. Je réponds qu'un tel cri-
« térium absolu, une sorte de gabari applicable à
« l'esprit d'un homme, n'existe pas. Rien en dehors
« de son esprit même ne peut fournir d'indication
« absolue sur ce qui s'y passe. Loin de dire qu'il est
« impossible de «voir dans l'esprit d'un homme », il
« faut y enfoncer le regard pour pouvoir relever un
« dol contre cet homme ; et à moins d'être persuadé
« de voir ce qui a dû se passer dans son esprit, on
« ne peut le déclarer coupable de dol.

« Il me semble qu'une seconde cause d'erreur pro-
« vient de l'usage du mot « négligent ». Quelle est
« l'ancienne question que l'on adressait aux jurés
« dans un tribunal de *Common Law ?*..... Celle-ci :
« Savait-il que l'assertion était fausse, et sinon, l'a-
« t-il émise sans savoir si elle était fausse ou vraie et
« sans s'être préoccupé de le savoir ? Sans s'être
« préoccupé de le savoir ne signifiait pas sans avoir
« agi avec diligence en vue de le savoir ; cela dési-
« gnait l'indifférence à la vérité, la déformation mo-
« rale qui consiste dans le mépris volontaire de l'im-
« portance de la vérité. A moins d'avoir la notion
« claire que c'est là le vrai sens de l'expression, on
« risque constamment de confondre la présomption
« d'où la preuve de la malhonnêteté peut être déduite

« — présomption qui dans un grand nombre de cas
« naît d'une négligence grossière — avec la preuve
« même de la malhonnêteté ou du dol, à laquelle on
« ne doit arriver qu'après avoir pesé toutes les pré-
« somptions.

« Que vous dirigiez l'enquête dans un sens ou dans
« l'autre, que vous l'engagiez du point de vue qu'un
« homme doit avoir une croyance honnête dans les
« énonciations qu'il fait, ou que vous adoptiez l'or-
« dre inverse, en procédant de ce qu'une certaine
« inconscience de la vérité — c'est-à-dire une cer-
« taine indifférence à la vérité qui équivaut à la mal-
« honnêteté — est au moins nécessaire, le résultat
« est le même.

« Un homme doit être convaincu que ce qu'il dit
« est vrai ; mais un homme peut croire que ce qu'il
« dit — que l'expression dont il use — est vrai, parce
« qu'il emploie les mots honnêtement dans un sens
« qui lui est personnel et qui, quelle qu'en soit l'im-
« propriété, la stupidité, quelque négligence gros-
« sière qu'il suppose, est le sens spécial dans lequel
« il a l'intention de les employer, sans se douter qu'ils
« détermineront chez d'autres personnes raisonnables
« un sens différent. Un homme peut avoir foi dans
« une énonciation à qui il prête un sens qui lui est
« personnel, tandis que l'usage qu'il fait des mots
« peut être absolument impropre par suite d'une né-
« gligence dans cet usage. De ce qu'un homme emploie

« certaines expressions, il ne s'en suit pas qu'il a
« conscience de la manière dont elles seront inter-
« prétées par ceux qui les liront. A moins qu'il ait
« conscience qu'elles seront comprises autrement que
« selon le sens qu'il leur a honnêtement bien que
« négligemment donné, il n'a pas commis de dol, il
« n'est pas malhonnête (1).

« La confusion provient d'abord de ce que les juges
« *in Equity* avaient à décider à la fois de questions de
« fait et de questions de droit. Dans une affaire de
« dol, un juge *in Equity* exposait les motifs qui l'ame-
« naient à dire qu'il y avait eu dol. Souvent il déci-
« dait qu'il y avait eu dol alors que seule une
« négligence grossière était prouvée. Si l'affaire
« avait été soumise au jury, le juge aurait attiré
« l'attention des jurés sur ce fait qu'une négligence
« grossière peut être une présomption du dol si elle
« est grossière au point d'être incompatible avec
« l'idée d'honnêteté, mais qu'en absence de mal-
« honnêteté, une négligence, même grossière, ne
« constitue pas un dol. Les espèces dans lesquelles
« les juges de *Chancery* concluaient au dol alors qu'il
« s'agissait d'une négligence grossière, s'accumulè-
« rent, jusqu'à ce que la notion s'implanta qu'il était
« suffisant de prouver une négligence grossière

1. Angus v. Clifford [1891], 2 Ch. 470P er Bowen, L. J.

« pour établir un dol. Il n'en est pas ainsi (1). »

Derry v. *Peek* a ému toute la doctrine.

Ses représentants les plus en vue se sont efforcés de démontrer que cet arrêt n'a pas inauguré une jurisprudence nouvelle et que ses termes sont conciliables avec le vieux et solide principe qu'une énonciation faite sans motif raisonnable de la croire vraie doit être traitée comme dolosive.

Nous empruntons à l'un d'eux l'argumentation suivante (2) :

« L'interprétation donnée à *Derry* v. *Peek* aboutit
« à ceci, qu'une personne peut énoncer un fait im-
« portant qu'elle sait ou qu'elle aurait dû savoir faux
« et échapper à toute responsabilité en prétextant
« un oubli. Ce principe « malsain »... est à tel point
« contraire au bon sens et à l'équité, qu'il ne faut
« l'adopter que s'il est évident que la Chambre des
« Lords a eu l'intention de réformer la jurisprudence
« antérieure ou s'il découle nécessairement et inévi-
« tablement de cet arrêt...

« En premier lieu la Chambre des Lords a-t-elle
« eu l'intention de réformer la jurisprudence anté-
« rieure ? A notre connaissance, il n'existe aucune
« trace de cette intention. Au contraire. *Slim* v.

---

1. Le Lièvre v. Gould [1893], 1 Q. B. 500, Per Bowen L.J., V. *id.* 497, Per Esher M. R.

2. Kerr. On Fraud and Mistake, 1902, 32 sq.

« *Croucher* (1) et d'autres espèces similaires ont été
« plusieurs fois citées par elle comme appartenant,
« à des catégories différentes, mais non comme ayant
« été mal jugées. *Peek* v. *Gurney* (2), *Brownlie* v.
« *Campbell* (3), *Derry* v. *Peek* (4) sont cités par elle
« à différentes reprises avec approbation et toujours
« sans réprobation. C'est, à notre avis, la preuve
« qu'une telle intention n'existait pas.

« Voyons maintenant si *Slim* v. *Croucher* (5) et les
« décisions analogues sont nécessairement réformées
« par *Derry* v. *Peek*. Il nous semble qu'on a admis
« trop facilement que *Slim* v. *Croucher* ne peut être
« fondé sur un dol. Il est vrai que dans cette espèce,
« Lord Campbell a dit qu'il n'y avait pas d'intention
« dolosive (6). Cela signifie qu'il n'existait pas de
« preuve directe du dol, rien de plus. Il y avait né-
« gligence grossière et la négligence grossière, nous
« l'avons vu, peut constituer un dol; c'est là-dessus
« peut-être que la décision a été basée. La manière
« dont Lord Campbell s'explique..... est presque
« concluante sur ce point. Se référant à l'observa-
« tion de Lord Eldon, qu'une personne est tenue

1. [1860], L. R. 6 H. L. 390.

2. [1873] L. R. 6 H. L. 377.

3. [1880], 5 App. Ca. 935.

4. [1889], 14 App. Ca. 360.

5. V. *infra*, 102, l'exposé de cette espèce.

6. « Moral fraud. »

« de réparer les conséquences « d'une inexactitude
« commise sciemment», il commente ainsi ces mots:
« c'est-à-dire, si elle commet une inexactitude au
« sujet de ce qu'elle aurait dû savoir faux et qu'elle
« a effectivement su faux à un moment donné, bien
« qu'elle allègue qu'à l'instant précis où elle l'a com-
« mise, elle en ait oublié la fausseté (1). Plus loin,
« Lord Campbell cite et approuve le passage suivant
« du jugement *Burrowes* v. *Lock* (2) : « Dans une
« espèce de ce genre, le demandeur peut-il faire plus
« que prouver : 1° que le fait énoncé est faux ; 2° que
« la personne qui l'a énoncé connaissait un autre
« fait inconciliable avec le premier ? Le demandeur
« ne peut pas pénétrer dans les replis de la cons-
« cience du défendeur et y rechercher si celui-ci
« se souvenait ou non et ce n'est pas une excuse pour
« le défendeur de dire qu'il a oublié. » Les paroles
« de Knight-Bruce L. J. qu' « un pays où la justice
« ne pourrait pas accorder de réparation dans une
« espèce de cette nature, ne serait pas un pays civi-
« lisé », n'auraient pas été prononcées s'il ne s'était
« agi d'un dol. Lord Selborne a dit de *Slim* v. *Crou-*
« *cher* (3) : « Dans cette espèce, toute la valeur de la
« garantie dépendait de la réponse d'une personne
« qui aurait dû connaître le fait et qui d'ailleurs l'avait

1. 1. D. F. et J. 525.
2. [1805], 10 Ves. 475.
3. Brownlie v. Campbell [1880], 5 App. Ca. 936.

« à un moment ou à un autre nécessairement connu.

« En admettant même une absence de mémoire, on

« était cependant en face d'une personne qui avait

« su à un moment donné et qui n'avait pas le droit

« d'affirmer que ceci ou cela était vrai à sa connais-

« sance, à moins de le savoir vrai : si elle s'était ar-

« rogé ce droit, elle était responsable des conséquen-

« ces de son affirmation..... Le simple oubli, chez un

« homme à qui l'on demande si tel fait s'est ou non

« produit et qui répond positivement oui ou non, ne

« saurait être une excuse. Si l'homme eût été sin-

« cère, il eût dit : Je ne me rappelle pas. Si vraiment

« il ne se souvient pas, en affirmant ou en démen-

« tant le fait, il assume la responsabilité d'une asser-

« tion positive, sur la foi de laquelle il sait qu'une

« autre personne va s'engager. » Enfin, dans *Wes-*

« *tern Bank of Scotland* v. *Addie* (1), Lord Chelms-

« ford a dit : « On ne peut vérifier la prétendue bonne

« foi de celui qui a commis une inexactitude, qu'en

« examinant les motifs de sa créance. Si celui qui a

« commis une inexactitude n'avait aucun motif de

« la croire vraie, ou, si le plus léger examen eût ren-

« versé sa conviction, l'inexactitude peut, en toute

« impartialité, être appelée un dol. » Ces paroles s'ap-

« pliquent directement à *Slim* v. *Croucher* et si nous

« substituons les mots « peut permettre de conclure

1. [1867], L. R. 1 H. L. Sc. 145.

« au dol » aux mots « peut en toute impartialité être
« appelée un dol », elles sont aussi conciliables avec
« *Derry* v. *Peek* (1). En vérité, selon Lord Hers-
« chell lui-même, le seul moyen d'éprouver la valeur
« d'une conviction, c'est de nous demander, avec
« l'aide de notre expérience des hommes, s'il est
« vraisemblable que dans les mêmes circonstances
« un homme raisonnable la ferait sienne (2). C'est
« évidemment la même chose que se demander si un
« homme raisonnable eût dû la faire sienne.

« Le véritable principe, le seul principe sain qu'il
« faille déduire d'espèces dont *Slim* v. *Croucher* est
« le type, est celui-ci : une assertion est dolosive,
« non seulement quand l'auteur sait qu'elle est fausse,
« mais aussi quand, selon la remarque de Jessel
« M.R. (3), il aurait dû savoir ou doit être considéré
« comme ayant su qu'elle était fausse. C'est un prin-
« cipe sain et intelligible et qui n'est d'ailleurs pas
« inconciliable avec *Derry* v. *Peek*. Une fausse as-
« sertion qu'une personne aurait dû savoir fausse
« et au sujet de laquelle elle doit par conséquent être
« traitée comme l'ayant su fausse, ne peut pas ser-
« vir de base à une créance honnête. « Une fausse
« assertion, dit Lord Herschell, commise par négli-

1. « If we substitute the words " may be evidence of " for the
words " may fairly be characterised as ". »

2. Derry v. Peek [1899], 14. App. Ca. p. 380.

3. 20 C. D. 27, 44, 67.

« gence et sans motif raisonnable de la croire vraie,
« peut permettre de conclure au dol (1). Le crité-
« rium, dit-il, est celui-ci : est-il vraisemblable que,
« dans les mêmes circonstances, un homme raison-
« nable la croie vraie (2). Appliquant ce critérium à
« *Slim* v. *Croucher*, est-il possible de concevoir qu'un
« homme raisonnable puisse oublier qu'il a concédé
« un bail, surtout quand on lui demande d'en con-
« céder un second du même immeuble et qu'il sait
« qu'un prêt doit être consenti sur la garantie du
« second bail ? Si le vrai principe à déduire de *Slim*
« v. *Croucher* et des décisions analogues est bien
« celui que nous avons suggéré, il nous semble qu'il
« couvre et accorde entre elles la plupart sinon tou-
« tes les décisions, qu'il supprime presque toutes et
« peut-être toutes les difficultés et qu'il évite ces pro-
« blèmes psychologiques relatifs à l'état d'esprit d'un
« homme, d'où résulte tant de confusion. »

Aujourd'hui encore, *Derry* v. *Peek* domine toute la
matière du dol. Mais, grâce au *Directors' Liability
Act*, voté de 1890, que nous étudions plus loin, cet
arrêt n'a ému que d'une manière fugitive les victimes
d'un dol commis dans un prospectus. Est-ce à dire,
qu'en ce qui concerne notre sujet, *Derry* v. *Peek*

1. Derry v. Peck [1889], 14 App. Ca. 337.
2. Id. 380.

n'offre plus qu'un intérêt historique? Pas absolument. La rédaction du *Directors'Liability Act*, en effet, est telle, que seul un souscripteur peut se prévaloir des facilités de preuve instituées par cet act. Elles ne profitent pas à l'acheteur. Or nous avons signalé qu'un prospectus est parfois émis en vue du placement d'actions déjà souscrites.

Poursuivant l'examen des conditions d'exercice de l'action de *deceit*, nous en arrivons à celle-ci, que l'inexactitude doit avoir été commise en vue de déterminer l'actionnaire à souscrire. Par suite, s'il se trouve une inexactitude dolosive dans un prospectus adressé à des souscripteurs et que, sur la lecture du prospectus, une personne ait acheté des actions déjà souscrites, l'action de *deceit* lui est refusée. Le dol a été dirigé contre des souscripteurs, non contre des acheteurs.

Eufin, le dol doit avoir causé un dommage au souscripteur. La mesure du dommage est la différence entre la valeur réelle des titres (par opposition à la valeur cotée) lors de la répartition et le prix auquel le souscripteur les a acquis (1). Pour estimer cette valeur réelle, tous les éléments doivent être pris en considération, y compris la faillite ultérieure de la

1. Peek v. Derry [1888], 37 Ch. D. 541. — Arnison v. Smith [1880] 41 Ch. D. 363.

société, à moins que celle-ci ne dérive de causes qui
n'existaient pas au moment de la répartition. Le fait
que les titres ont fait prime à une date déterminée
n'est pas une preuve de leur valeur (1).

L'action de *deceit* est reconnue au demandeur, bien
que le défendeur n'ait pas eu l'intention de nuire.
Les motifs qui ont déterminé le dol sont indifférents.
Peu importe même que le défendeur ait honnêtement
cru que les titres étaient un merveilleux placement
et qu'il agissait dans l'intérêt du demandeur, en l'in-
duisant, par son dol, à les acquérir (2).

L'action de *deceit* est rarement exercée comme
complément à l'action en rescision, car les deux
actions font en général double emploi. Cependant,
comme l'action en rescision ne permet d'obtenir des
dommages-intérêts qu'à raison des obligations nées
directement du contrat de souscription, il peut être
utile, dans certains cas exceptionnels, de la doubler
de l'action du *deceit* (3).

Mais l'action de *deceit* est surtout réservée pour
les cas où l'action en rescision ne peut plus ou ne
peut pas être exercée.

1. Twycross v. Grant [1877], 2 C. P. D. 485. — Peek v. Derry [1888],
37 Ch. D. 541.

2. Smith v. Chadwick [1884], 9 App. Ca. 187. — Derry v. Peek
[1889], 14 App. Ca. 337.

3 Adam v Newbiggin [1888], 13 App. Ca. 308.

L'action en rescision se prescrit très vite, tandis que l'action de *deceit* ne se prescrit qu'au bout de six ans (1). Le délai court de la répartition des actions et même seulement de la découverte du dol ou du jour où le dol eût pu être découvert par un souscripteur d'une diligence moyenne, lorsque ses auteurs l'ont dissimulé par des manœuvres postérieures à son exécution (2).

D'autre part, l'action en rescision ne peut être intentée que contre un co-contractant. Le domaine de l'action de *deceit* est plus étendu : elle peut être exercée contre tout auteur du dol, que ce soit un co-contractant ou un tiers.

Tel est le droit commun de l'action de *deceit*. Les acts de 1867, de 1900 et de 1907 n'ont modifié que les règles de la preuve ; ils ont laissé tout le reste intact.

MODIFICATIONS LÉGISLATIVES DES RÈGLES
DE LA PREUVE

Du point de vue des systèmes de preuve, *Derry* v. *Peek* et la section 38 de l'act de 1867 sont deux extrêmes. Tandis en effet que *Derry* v. *Peek* oblige

---

1. Statute of Limitations, 21 Jac. 1. c. 16.

2. C'est ce qu'on appelle la « *concealed fraud* », V. Gibbs v. Guild [1882], 9 Q. B. D. 59.

le juge à l'analyse la plus subtile avant de l'autoriser à conclure au dol, la section 38 pose le principe de la présomption irréfragable de dol, lorsque, même de bonne foi, certaines indications ont été omises dans le prospectus.

On a prétendu tirer de la section 38 des conséquences plus complètes encore à l'avantage du demandeur. Celui-ci, disait-on, est dispensé de prouver que si le prospectus eût contenu les renseignements omis, il n'eût pas souscrit. Il suffit d'un prospectus irrégulier selon la section 38 et que la valeur des titres soit inférieure au prix d'acquisition, pour que le souscripteur soit assuré de triompher dans une action en dommages-intérêts.

Cette prétention a été formellement condamnée par un arrêt récent (1).

« La Standard Co fut lancée par la Globe Co. Le
« prospectus de la Standard Co énonçait que la cons-
« titution de cette société et l'émission de ses titres
« s'étaient faites sans aucun avantage pour les pro-
« moteurs, sous quelque forme que ce fût. Il est
« prouvé que cette énonciation était vraie. Mais il
« existait un contrat en date du 27 octobre 1898,
« passé entre la Globe Co et la Standard Co, aux ter-
« mes duquel la Globe Co acceptait de transférer à
« la Standard Co 5.000 actions différées de liv. st. 1,

1. Macleay v. Tait [1906], App. Ca. 24, Per Lindley L. J.

« entièrement libérées, de l'Austin Friars Syndicate,
« contre 4.000 actions de liv. st. 1, entièrement libé-
« rées, de la Standard Co. Malheureusement, ce contrat
« ne fut pas révélé dans le prospectus de la Stan-
« dard Co. Je ne peux pas mettre en doute un ins-
« tant qu'il tombe sous la première partie de la
« section 38 et qu'il aurait dû être indiqué dans
« le prospectus. C'était un contrat que tout sous-
« cripteur prudent de la Standard Co aurait certai-
« nement désiré connaître avant de souscrire et il
« était par conséquent important au sens que donne
« à ce terme *Twycross* v. *Grant*..... Le prospectus
« ne fut émis qu'en mai 1898 et les défendeurs étaient
« administrateurs au moment où il fut émis et au
« moment où les actions furent réparties entre les
« souscripteurs. Comment se fait-il que le contrat du
« 27 octobre 1898 n'ait pas été révélé ? Ce point n'est
« pas clair. Mais quelle qu'en puisse être la vérita-
« ble explication, le contrat n'a certainement pas
« été omis intentionnellement par les défendeurs.
« Il est nettement prouvé et il est admis aujourd'hui,
« que, responsables ou non selon la loi, aucun d'eux
« n'est coupable d'une assertion ou d'une dissimu-
« lation dolosive. Quoi qu'il en soit, la section 38
« donne au demandeur le droit de faire considérer
« le prospectus comme dolosif. La question qui se
« pose maintenant est celle-ci : les demandeurs ou
« l'un d'eux ont-ils prouvé qu'ils ont subi un dom-

« mage à raison de la non révélation du contrat du
« 27 octobre 1898 ? Les demandeurs ont pris des
« actions sur la foi du prospectus et ils ont perdu
« leur argent. Voilà leur cas... Mais ce fait constitue
« tout au plus une présomption en leur faveur et,
« quand on examine les circonstances de plus près,
« il est difficile de croire que la connaissance du con-
« trat du 27 octobre eût empêché l'un d'eux de sous-
« crire. D'abord, les enquêtes et contre-enquêtes
« démontrent d'une manière concluante que les de-
« mandeurs n'ont prêté aucune attention aux docu-
« ments qui furent révélés. Si un document de plus
« eût été ajouté à ces derniers, le résultat eût été le
« même. Mais de plus, le contrat du 27 octobre,
« quand on l'examine, se trouve être une transaction
« ingénieuse mais parfaitement honnête, conclue en
« vue de faciliter l'acquisition par la Standard Co
« des actions de préférence du Finance Syndicate
« dont la Standard Co avait précisément pour but
« d'acquérir toutes les actions. Le contrat n'attribuait
« aucun avantage à la Globe Co et loin de contre-
« dire l'affirmation du prospectus que les promoteurs
« ne réalisaient aucun profit, il montre qu'aucun
« profit n'a été ni même ne pouvait être tiré de la
« transaction à laquelle il se rapporte. Bref, à mon
« avis, il est évident que la non-révélation du con-
« trat n'a causé aucun dommage aux demandeurs. »

En conséquence les demandeurs sont déboutés.

La section 38 de l'act de 1867 est abrogée. Mais le souscripteur qui poursuit les auteurs du dol commis dans un prospectus, ne se heurte pas aux difficultés de preuve du droit commun. Le *Directors' Liability Act*, en effet, voté en réponse à l'arrêt de la Chambre des Lords *Derry* v. *Peek*, renverse à son profit la charge de la preuve.

S'il démontre que le prospectus contient une inexactitude, le dol est présumé chez les auteurs du prospectus.

Mais la présomption n'est pas irréfragable.

Si les défendeurs prouvent qu'ils avaient des motifs raisonnables de croire vraie leur assertion et qu'ils l'ont réellement cruc vraie jusqu'à la répartition des titres, ou encore qu'elle a été empruntée au rapport d'un expert en qui ils avaient placé une confiance légitime, ou enfin qu'elle a été tirée d'un document officiel dont le prospectus est la reproduction, ils échappent à toute responsabilité. De même, si, actionnés en qualité d'administrateurs, ils justifient de leur démission avant l'apparition du prospectus ; s'ils établissent que le prospectus a été émis à leur insu et sans leur consentement et qu'à la nouvelle de son émission ils ont immédiatement fait connaître par une publicité suffisante que l'émission s'est faite à leur insu et sans leur consentement ; s'ils prouvent, qu'ayant découvert une inexactitude dans le prospectus après sa publication mais avant la répartition des titres, ils ont désavoué le prospectus et ont donné une publicité suffisante à ce désaveu et à ses motifs.

Des défendeurs de bonne foi sont beaucoup plus gravement compromis par un prospectus équivoque que par un prospectus inexact. La faculté que leur reconnaît le *Directors' Liability Act* de détruire la présomption de dol ne leur est généralement d'aucun secours en cette circonstance. Comment prouver en effet qu'ils avaient des motifs raisonnables de croire que les expressions équivoques seraient interprétées suivant le sens qu'ils leur attribuaient? Il ne leur est pas moins difficile de prouver que le souscripteur a menti en prétendant qu'il a été égaré par le prospectus.

De deux affirmations opposées, celle du souscripteur qui affirme qu'il a été égaré et celle des défendeurs qui affirment leur bonne foi, la première sera préférée. En effet, le juge considérera que les défendeurs sont en faute, tandis qu'aucune faute ne peut être relevée à la charge du souscripteur, qui a en outre subi un dommage.

On a reproché au *Directors' Liability Act* son insuffisante sévérité. On a particulièrement critiqué la présomption dont jouissent les auteurs du prospectus que l'expert choisi par eux est compétent et digne de confiance. Pourquoi obliger le demandeur à détruire cette présomption ? Pourquoi n'a-t-on pas imposé aux mandants la justification des mérites de leur mandataire ?

Par contre le *Directors' Liability Act* a répandu l'effroi parmi les administrateurs. Ceux-ci, a-t-on dit, refuseront désormais d'occuper des postes trop périlleux.

Qu'elle fût ou non fondée, la crainte de priver les sociétés des meilleurs éléments de direction a nettement influencé le législateur et, dans les acts de 1900 et de 1907, le souci de ménager les administrateurs est manifeste.

L'act de 1900 édicte que les auteurs du prospectus n'encourront aucune responsabilité à raison d'une infraction à ses règles, s'ils prouvent :

Que l'infraction est due à une honnête erreur de fait de leur part ou, dans l'hypothèse d'une omission, qu'ils ignoraient le fait omis.

Il dispose en outre, qu'en cas d'inobservation des règles relatives à la divulgation de l'intérêt des administrateurs dans la société, aucun administrateur ni aucune autre personne n'encourront de responsabilité, à moins que le demandeur ne prouve que les défendeurs connaissaient les faits omis. Cette preuve est souvent très difficile à fournir contre des défendeurs autres que les administrateurs intéressés euxmêmes.

Quant à la section 32 de l'act de 1907, son sens vague et contradictoire en fait plutôt une démonstration platonique en faveur des administrateurs qu'une sauvegarde efficace pour eux (1). Cette section donne aux tribunaux le pouvoir discrétionnaire de dégager ou d'atténuer la responsabilité d'un administrateur coupable de négligence ou de *breach of trust*, à la condition qu'il ait agi honnêtement et raisonnablement !

ACTIONS RÉCURSOIRES ENTRE LES DÉBITEURS SOLIDAIRES DE DOMMAGES-INTÉRÊTS

La section 5 du *Directors' Liability Act* dispose qu'une personne condamnée à des dommages-intérêts en vertu de cet act peut exercer une action récursoire contre toute personne qui, poursuivie à sa place, eût été de même condamnée. Ce recours existe entre les différents débiteurs solidaires de dommages-intérêts, comme en matière de contrat, dit le texte, c'est-à-dire comme si leur dette commune résultait d'un contrat.

Toutefois, aux termes de la section 33 de l'act de 1907, une personne condamnée pour dol ne possède pas de recours contre les co-auteurs de bonne foi de l'inexactitude.

Lorsque l'un des débiteurs solidaires de dommages-

1. V. The Annual Statute [1907]... in continuation of Chitty's Statutes, 1093, note (t).

intérêts est décédé, l'action récursoire peut-elle être exercée contre ses exécuteurs testamentaires, administrateurs ou ayants droit ?

Cette question a été pour la première fois débattue dans un jugement récent. Nous en détachons quelques extraits.

« Mais l'on prétend que, quelque recours que les
« demandeurs aient pu posséder contre B. et G., aucun
« recours n'existe contre leurs exécuteurs testamen-
« taires. Ceux-ci disent et disent à bon droit qu'ils
« ne sont pas des personnes qui, actionnées à la
« place de B. et G., eussent été condamnées à payer
« les dommages-intérêts en question, car l'acte sur
« lequel le demandeur supposé baserait son action
« est un délit commis par le testateur et : *Actio per*
« *sonalis moritur cum persona*. Mais la section pose,
« qu'une personne condamnée à des dommages-inté-
« rêts, aura le droit de réclamer sa part contributoire
« comme en matière de contrat », à toute personne
« qui, poursuivie à sa place, eût été de même condam-
« née. Or, en matière de contrat, le recours naît, à
« l'exception des cas de stipulation expresse, non
« pas de quelque contrat implicite, mais d'un droit
« fondé sur l'équité et résultant des rapports qui s'éta-
« blissent entre personnes solidairement tenues d'une
« même dette. Ce droit, à mon avis, existe dès le
« début de ces rapports, bien qu'il puisse être impos-
« sible de l'affirmer par une action jusqu'à ce que

« l'une des parties ait acquitté l'obligation commune
« ou plus que sa part dans cette obligation, ou soit
« au moins en danger imminent d'être tenue de l'ac-
« quitter.

« ..... Si mon opinion sur le recours en matière de
« contrat est juste, le recours, dans les espèces qui
« relèvent de l'act, existe aussi depuis le début des
« rapports qui engendrent l'obligation commune,
« c'est-à-dire du jour où l'actionnaire subit un dom-
« mage du fait de l'inexactitude contenue dans le pros-
« pectus. L'obligation réciproque de contribuer à la
« dette commune, est une obligation qui, en matière
« de contrat, pourrait être exécutée contre les exé-
« cuteurs testamentaires d'un co-contractant, et à
« mon avis, cette même obligation imposée par l'act
« est susceptible de la même exécution. L'argument
« des défendeurs, appuyé sur la maxime : *Actio
« personalis moritur cum persona* est donc sans
« force (1). »

Le jugement étend l'obligation de contribuer :

1° Aux dommages-intérêts payés aux actionnaires
qui avaient intenté des poursuites ou menacé de poursuivre, y compris les sommes payées en exécution de
transactions raisonnables ;

2° Aux frais « *as between party and party* » (2) des
actionnaires triomphants ;

1. Shepheard v. Bray [1906], 2 Ch. 235. Per Warrington J.
2. Par opposition à « *as between solicitor and client* ».

3º Aux intérêts des sommes payées, depuis le jour du paiement.

Il dispense de contribuer :

1º Aux frais encourus par les administrateurs pour défendre aux poursuites des actionnaires ;

2º Aux frais de négociation des transactions ;

3º Aux frais payés par les administrateurs, soit aux actionnaires triomphants, soit à leurs propres solicitors, à raison d'appels interjetés sans succès.

Les exécuteurs testamentaires en appelèrent de ce jugement (1).

La Cour d'appel n'eut pas à se prononcer, car les intimés, pressentant que le jugement de première instance serait réformé, accordèrent aux appelants leurs conclusions, c'est-à-dire renoncèrent à tous les avantages qu'ils tenaient du jugement de première instance. L'un des juges composant la Cour d'appel (2), prononça ces mots :

« Il ne faut pas croire que la Cour, avertie comme elle l'est actuellement, soit prête à confirmer tout ce que le juge de première instance a jugé. »

Il semble donc bien, que, lorsque l'un des débiteurs solidaires de dommages-intérêts est décédé, l'action récursoire ne peut pas être intentée contre ses exécuteurs testamentaires, administrateurs ou

1. [1907], 2 Ch. 571.
2. Cozens Hardy M. R.

ayants droit. L'action en dommages-intérêts est une *actio personalis*. Elle ne peut être intentée que contre l'auteur même du dol. De même l'action récursoire. Toutefois, quand le dol a été une cause d'enrichissement pour son auteur, les exécuteurs testamentaires, les administrateurs ou les ayants droit de celui-ci peuvent être poursuivis jusqu'à concurrence de cet enrichissement (1).

En général, afin de simplifier la procédure, l'auteur du dol actionné en dommages-intérêts mettra en cause tous ceux contre qui il possède l'action récursoire (2).

1. Peek v. Gurney [1874], L. R. 6 H. L. 403.
2. Gerson v. Simpson [1903], 2 K. B. 197.

III

Sanctions pénales

Aux termes de la section 28 de l'act de 1900, toute infraction importante aux règles sur le prospectus, commise sciemment, expose ses auteurs à l'amende et à un emprisonnement de deux ans au plus avec ou sans travaux forcés ou à l'une des deux peines seulement.

Il appartient aux tribunaux de déterminer si l'infraction est ou non importante du point de vue pénal.

Une infraction aux règles sur le *statement in lieu of prospectus* peut en outre être poursuivie en vertu du *Statutory Declarations Act* (1). Une « *statutory declaration* (2) » qu'un *statement in lieu of prospectus* conforme à l'act de 1907 a été déposé, est en effet nécessaire pour obtenir du *Registrar of Joint Stock Companies* le certificat sans lequel la société ne peut commencer ses opérations.

La sanction du *Statutory Declarations Act* est la

1. 5 et 6 William IV c. 62.
2. Déclaration solonnelle faite devant certains officiers publics.

peine des travaux forcés : elle peut être prononcée
pour sept ans au maximum.

A considérer l'institution du prospectus dans son
ensemble, on s'étonne de l'inégalité qu'elle accuse
dans l'effort du législateur.

Celui-ci a donné tous ses soins à l'économie du
prospectus. Procédant par retouches, il a réussi à
organiser une publicité presque parfaite au regard
du souscripteur. C'était l'œuvre difficile : elle consis-
tait dans l'élaboration d'un texte assez souple pour
s'adapter à l'infinie variété des combinaisons financières, assez précis pour déjouer toutes les équivoques.

S'il est souvent malaisé de distinguer la théorie des
infractions possibles, il est simple, au contraire, en
présence d'infractions prévues, de fixer, jusque dans
le détail, les conditions de leurs sanctions. Or, le
législateur s'est arrêté au seuil de cette tâche. Il n'a
consacré aux sanctions pénales que quelques mots.
Encore la section 28 de l'act de 1900 n'a-t-elle pas
de sens déterminé. L'action en dommages-intérêts
n'a été que partiellement et accidentellement réglementée : le *Directors' Liability Act* n'est qu'une loi
de circonstance, votée pour mettre un terme à l'inex-
tricable verbiage où s'engageaient les juges à propos
des affaires de dol. Enfin, la loi est muette sur l'action en rescision. La jurisprudence actuelle en fait

une sanction homogène et logique. Mais le Parlement ne sait-il pas que la jurisprudence est sujette
aux variations les plus inattendues et *Derry* v. *Peek*
n'aurait-il pas dû être le point de départ d'une réglementation législative complète des recours qui sanc-
tionnent les irrégularités du prospectus ?

Vu : le Président de la thèse,
E. THALLER

Vu : le Doyen,
CH. LYON-CAEN

Vu et permis d'imprimer :
pour le Vice-Recteur de l'Académie de Paris
L. LIARD

TABLE

PREMIÈRE PARTIE

Économie du Prospectus.

Étude des Textes Législatifs et de la Jurisprudence.

SECONDE PARTIE

Sanctions des Irrégularités du Prospectus.

Étude des Textes Législatifs et de la Jurisprudence.

Mayenne. Imp. Ch. COLIN.